Hochbegabung und Hochbegabte

Mit Berichten Betroffener

von

Ida Fleiß

2., unveränderte Auflage

Tectum Verlag
Marburg 2006

Coverbild:
www.photocase.com

Fleiß, Ida:
Hochbegabung und Hochbegabte.
Mit Berichten Betroffener.
/ von Ida Fleiß
- Marburg : Tectum Verlag, 2006
2., unveränderte Auflage
ISBN −10: 3-8288-9187-X
ISBN −13: 978-3-8288-9187-6

© Tectum Verlag

Tectum Verlag
Marburg 2006

Inhaltsverzeichnis

Vorwort und Danksagung   9

TEIL I HOCHBEGABUNG

1 Hochbegabung und Hochbegabte   11
1.1 Einführende Betrachtungen: Was bedeutet Hochbegabung?
Einschätzungen und Vorurteile   11
1.2 Selbstkonzept   14
1.3 Underachiever   19
1.4 Persönlichkeit des Hochbegabten   23
1.5 Hochbegabte im Beruf   29
1.6 Typen von Hochbegabten in der wissenschaftlichen Forschung   37
1.7 Hochbegabte „unter sich" – IQ-Vereine   42

2 Hochbegabung – Fakten und Theorien   47
2.1 Definitionen   47
2.2 Denken und Problemlösen Hochbegabter   52
2.3 Metakognition   54
2.4 Lernen bei Hochbegabten   55

3 Exkurs: Mathematische Hochbegabung   59
3.1 Was ist mathematische Hochbegabung?   59
3.2 Mathematisch hochbegabte Menschen, Rechengenies   62
    3.2.1 Gert Mittring   63
    3.2.2 Wim Klein   66

3.2.3	Hans Eberstark	70
3.2.4	Gottfried Rückle	73
3.2.5	Alexander C. Aitken	74

4 Hochbegabtenförderung 77

4.1 Allgemeine Vorbemerkungen 77

4.2 Institutionen 83

4.2.1	World Council for Gifted and Talented Children (WCGTC)	83
4.2.2	European Council for High Ability (ECHA)	83
4.2.3	Bildung und Begabung e. V.	84
4.2.4	SchülerAkademien in Deutschland	85
4.2.5	Mathematik-Olympiaden	86
4.2.6	Arbeitskreis Begabungsforschung und Begabungsförderung e. V.	87
4.2.7	Stiftung zur Förderung körperbehinderter Hochbegabter	88
4.2.8	Hochbegabtenförderung e. V.	89
4.2.9	Deutsche Gesellschaft für das hochbegabte Kind e. V. (DGhK)	93
4.2.10	Die Hochbegabten-Stiftung der Kreissparkasse Köln	94

4.3. Förderungsbedürfnisse Hochbegabter 97

4. 4. Grundsätze zur Förderung Hochbegabter 99

TEIL II – BERICHTE BETROFFENER

Einleitung: Was bedeutet es, hochbegabt zu sein?
Erfahrungen, Ansichten, Lebensbilder, Selbstkonzepte 101

Frau F., Mutter eines hochbegabten Jungen	103
Georgi, 7 Jahre, Deutsch-Grieche	105
E. K., Mutter eines hochbegabten Jungen:	108
S. M., Mutter eines hochbegabten Mädchens:	110
Dr. R. C., hochbegabt und Vater hochbegabter Kinder	114
Martina Lasar, Hauptschullehrerin, Österreich	115
Sammelbrief von Lee Loy Fatt, Malaysia	118

Lee Hui Nee, Malaysia	122
Tan Joo Mee, Malaysia	123
Hartmut B.	124
Angus T. K. Wong, Canada	129
R. S., weiblich	132
Herbert Karsten, Tirol, Österreich	135
Werner Gladow	136
M. N., männlich, 16 Jahre	137
Ulrich W., Vater eines hochbegabten Kindes	139
Erich Baumeister, geschrieben 1994	140
Lourie B.-Davis, Oklahoma, USA	142
Bob Davis, Oklahoma, USA	145
Jürgen A.	147
Dr. Ernst B. Mainzer, Arzt, USA	148
E. Sch., hochbegabt und Mutter eines hochbegabten Jungen	151
Maurice Laville, Künstler	153
Erika Wendelken	154
M. B., männlich, Australien	161
H. Ch., Vater hochbegabter Mädchen	165
Dr. Gert Mittring, mehrfacher Weltrekordler im Kopfrechnen	168
Frau P., Wien, Mutter eines hochbegabten Jungen	175
Nina J.	176
Andrea Heinze, Mutter eines hochbegabten Jungen	178
G. R., Malerin, London	182
Hans-Georg Weiss	186
Peter N., Ungarn	190
Hans-Dieter Hunscher	192
Tobias Bär	194
Rudi Challupner, Österreich	197
Mag. Lisa-Michelle Boucher, USA/Österreich	199

Literatur   **209**

*From childhood's hour I have not been
As others were – I have not seen
As others saw – I could not bring
My passion from
a common spring.*

EDGAR ALLEN POE „Alone"

*Wir bedienen uns unseres Verstandes aus Pflicht
und des Witzes aus Neigung.
Der Verstand ist eine Schildwach, die abgelöst sein will.
Er ist oft uns und anderen beschwerlich.
Er ist die Grundlage zum guten Gebrauch aller Talente.*

IMMANUEL KANT

Vorwort und Danksagung

Dieses Buch über Hochbegabung und Hochbegabte ist aus jahrelanger Beschäftigung mit Hochbegabten entstanden.

Der erste Teil enthält einige Charakteristika hochbegabter Menschen als Einstieg in das Thema. Im Anschluß daran werden einige theoretische Grundlagen und Erkenntnisse aus der Hochbegabungsforschung vorgestellt.

Den zweiten Teil des Buches bilden authentische Berichte Betroffener. Diese Sammlung von empirischen Belegen zu Erfahrungen mit der eigenen Hochbegabung kann für jeden, der sich in irgend einer Form mit dem Thema Hochbegabung oder mit hochbegabten Kindern oder Erwachsenen befaßt, vielerlei Aufschlüsse und Hinweise für seine Arbeit oder sein Interessengebiet bringen.

Alle Berichte sind mit Genehmigung der einzelnen Autoren wiedergegeben, manche wurden auf Wunsch anonymisiert. Jeder Schreiber ist nachgewiesenermaßen hochbegabt, das heißt, sein gemessener Intelligenzquotient beträgt mindestens 130 (2% der Bevölkerung).

Ich möchte an dieser Stelle allen danken, die mit ihren Berichten, Anregungen, Fragen oder Hinweisen zum Gelingen dieses Buches beigetragen haben.

Dr. Ida Fleiß

Köln im August 2002

(Es gelten beide Rechtschreibregelungen)

TEIL I   Hochbegabung

1   Hochbegabung und Hochbegabte

1.1   Einführende Betrachtungen: Was bedeutet Hochbegabung? Einschätzungen und Vorurteile

Wenn wir uns mit der Frage befassen, was es für einen Menschen bedeutet, hochbegabt zu sein, ist es notwendig, sich Klarheit über das Phänomen zu verschaffen, mit welchem wir uns in diesem Buch beschäftigen wollen. Sieht man sich in der einschlägigen Literatur um, so wird man unschwer erkennen, daß es zum Thema Hochbegabung eine Fülle von Veröffentlichungen gibt; ich verweise nur auf die Bibliographien von Bartenwerfer und Urban. Man wird sich deshalb fragen, warum noch so ein Buch? Die Antwort auf diese Frage ist schnell gegeben: Dieses Buch will keine wissenschaftliche Arbeit mit Anspruch auf Vollständigkeit sein. Vielmehr stellt es neben einigen theoretischen Aspekten aus der Begabungsforschung vor allem eine Sammlung von Lebenserfahrungen, Ansichten und Gefühlen Betroffener aus mehreren Ländern dar, die damit ihren Umgang mit der eigenen Hochbegabung einem größeren Leserkreis vorstellen möchten. Ein Buch also, in welchem empirische Belege zum Thema Hochbegabung gesammelt und vorgelegt werden, in welchem Betroffene mit eigenen Worten schildern, wie sie ihre Hochbegabung erfahren und erleben. Die Intention dieses Buches ist es, einem interessierten – vielleicht auch selbst betroffenen – Leserkreis vor Augen zu führen, wie Hochbegabte z. B. ihre Kindheit oder ihre Schulzeit erlebten, wie sie in ihrer sozialen Umwelt zurechtkommen, warum sie welche Ausbildung wählten oder wie sie sich im Beruf durchsetzen.

„Woran erkennt man einen Hochbegabten?" wurde Prof. Detlef Rost in einem Zeitungsinterview einmal gefragt. „Wenn man Hochbegabte immer gleich erkennen könnte, gäbe es viele Probleme nicht", seine Antwort. Weiter unten befassen wir uns noch genauer mit dieser Frage. Was Rost aber mit seiner Antwort sagen wollte, ist die Tatsache, daß es DEN Hochbegabten nicht gibt. Zu vielfältig sind Erziehungs- und Umgebungseinflüsse, die Persönlichkeitsstruktur oder auch der soziale Status, der neben den intellektuellen Fähigkeiten die Entwicklung eines Menschen prägt. Es gibt z. B. äußerst erfolgreiche und bedeutende intellektuell Hochbegabte, wie die Geschichte zeigt. Auch heute finden sich in vielen Bereichen des öffentlichen Lebens, unter Künstlern, Schauspielern, Unternehmern oder erfolgreichen Wissenschaftlern, um nur eine Auswahl zu nennen, intellektuell Hochbegabte. Aber es gibt auch die andere Seite, die ja auch bei Normalbegabten vorhanden ist: den unbedeutenden, erfolglosen Hochbegabten, den so genannten Underachiever. Zwischen diesen beiden Polen gibt es alle möglichen Varianten. In einer Stadt mit 100.000 Einwohnern leben statistisch gesehen 2.000 intellektuell Hochbegabte. Nach wissenschaftlicher Definition ist jemand hochbegabt, wenn sein Intelligenzquotient höher als bei 98% der Gesamtbevölkerung liegt, das ist eine Person unter 50. (Wenn wir im folgenden von „Hochbegabung" sprechen, ist damit die „intellektuelle" Hochbegabung gemeint, soziale oder künstlerische Hochbegabung werden in diesem Kontext ausgeklammert.).

Wir beginnen zunächst mit der Frage, was Hochbegabung eigentlich ist. Worin besteht sie? Wie erkennt man sie?

Manche Wissenschaftler setzen Hochbegabung mit Intelligenz gleich. Andere wiederum sehen in der Intelligenz nur eine von mehreren Voraussetzungen für das Vorliegen einer Hochbegabung. Sie betrachten Intelligenz als ein Leistungspotenzial, das sich erst entfalten muß. Im zweiten Abschnitt soll auf diese Diskussion differenzierter eingegangen werden. Dem Psychologen stehen eine Reihe von objektiven und zuverlässigen Meßverfahren zur Bestimmung der Intelligenzhöhe oder der Begabungsschwerpunkte zur Verfügung. Aber wie kann der Laie erkennen, ob er selbst hochbegabt ist, oder wie intelligent sein Gegenüber ist? Ein jeder Mensch kennt in etwa seine Stärken und Schwächen; er weiß, worin er sich von anderen unterscheidet oder in welchen Bereichen er mehr oder weniger erfolgreich ist. Geht es aber darum, seine Intelligenz zu beurteilen, dann stößt man meistens an eine Grenze. Vor allem Intelligente neigen eher zur Unterschätzung der eigenen Intelligenz und zur Überschätzung der Intelligenz anderer. Der Mensch entwickelt im Laufe seines Lebens individuelle „Muster", nach denen er andere einordnet. Wenn jemand beispielsweise mehrere Sprachen spricht, oder sich besonders geschickt ausdrücken kann, wird er meistens eher als intelligent bzw. hochbegabt eingestuft, ebenso wie jemand, der über gute Schulnoten, eine fundierte humanistische Bildung verfügt oder sich gut z. B. bei Goethe oder Verdi auskennt. Schließlich schätzt man im allgemeinen auch jene als hochbegabt ein, die ein Studium absolviert oder einen höheren Bildungsabschluß haben. Fremdeinschätzungen, die Beurteilung eines anderen, können – wie Untersuchungen zeigen – manchmal zutreffen. Wahr ist aber auch, daß manche der fälschlicherweise als intelligent eingeschätzten Mitmenschen eher fleißige, strebsame Normalbegabte sind, während nachweislich Hochbegabte in der Schule oft schlecht abschneiden. Es ist also falsch, nur den Erfolg in der Schule oder das Erreichen eines höheren Bildungsabschlusses einer bestehenden Hochbegabung zuzuschreiben.

Wie später gezeigt werden wird, können für eine gute Schulleistung noch andere Faktoren verantwortlich sein. Den Hochleistern stehen solche Schüler gegenüber, deren Leistung schlechter ist, als sie nach deren Fähigkeiten und Begabungen sein dürften; dann sprechen wir von „Underachievern". Das sind Menschen, die aufgrund ihrer Begabung mehr erreichen könnten als sie es tatsächlich tun.

Aus eigener, bitterer Erfahrung weiß ich, daß „Hochbegabung"
nicht in jedem Fall zu exzellenten Leistungen in der Schule führen
muß. In unserem Schulsystem wird immer noch großer Wert auf
reproduziertes Wissen und Inhaltsaspekte gelegt, weniger auf effek-
tives Problemlösen, Eigenständigkeit, Kreativität und Intelligenz.
Besonders im Rechen und im Mathematikunterricht habe nicht nur
ich, aber ich ganz besonders, unter diesen Zwängen gelitten!
Gert Mittring
Inhaber zahlreicher Weltrekorde im Kopfrechnen

Wenn schon die Einschätzung einer Person durch eine andere nicht immer stimmt, kann man sich denn dann wenigstens selbst richtig einschätzen? Wie schätzen Menschen sich selbst ein? Was halten sie von sich selbst? Wie wirkt sich ihre Selbsteinschätzung auf ihr Verhalten aus?

1.2 Selbstkonzept

In der Psychologie befaßt man sich im Rahmen der Selbstkonzeptforschung mit Fragen der Beurteilung der eigenen Person und der eigenen Fähigkeiten. Die relativ stabile Menge von Einstellungen zu sich selbst bezeichnet man mit dem Begriff „Selbstkonzept".

In der Selbstkonzeptforschung wird das Bild, das man von sich selbst hat, als eine mehrdimensionale hierarchische Struktur dargestellt. An der Spitze steht das generelle Selbstkonzept „wer bin ich?". In den darunterliegenden Ebenen stehen weitere Konzepte, wie z. B. das Leistungskonzept („was kann ich? was habe ich erreicht?" usw.), das sich weiterhin in das schulische („wie gut bin ich in Mathematik? bin ich sprachbegabt?" usw.) und das berufliche untergliedern läßt. Das physische Selbstkonzept (körperliche Attraktivität, Gesundheit, Sportlichkeit usw.) und das soziale Selbstkonzept (Geschick im Umgang mit anderen, Durchsetzungsvermögen, Beliebtheit im Freundeskreis usw.) sind weitere Aspekte.

Ein Selbstkonzept, das nicht nur die eigene Person beschreibt, sondern den Vergleich zu anderen bzw. ein Netzwerk von Relativierungen einschließt, wird von einigen Forschern, wie Schott und Bellin, favorisiert. Es geht dabei um Fragen, wie z. B.: „Im Vergleich zu Schülern meiner Klasse zeige ich gute Leistungen in...", oder „im Vergleich zu anderen Mädchen meines Alters bin ich sehr beliebt", oder „andere Jugendliche sind nicht so sportlich wie ich".

Selbstbezogene Einschätzungen wirken sich nach wissenschaftlichen Erkenntnissen mehr oder weniger stark auf das eigene Verhalten aus, sie sind verhaltenssteuernd. Mit anderen Worten ausgedrückt, so wie ich mich selbst einschätze, so verhalte ich mich auch. Wenn ich mich beispielsweise als zu dick betrachte, dann werde ich vielleicht mit einer Diät beginnen, auch wenn mich andere als schlank beurteilen. Es kommt immer darauf an, wie ich mich selbst sehe und wie ich sein möchte. Ein ganzer Unternehmenszweig von Schönheitschirurgen oder Verfassern von Diätbüchern lebt beispielsweise ganz gut aufgrund solcher physischen Selbstkonzepte und der darauf basierenden Veränderungswünsche der Menschen.

Bei Hochbegabten ist die Einstellung verbreitet, von anderen nicht verstanden zu werden, kaum gleichartige Gesprächspartner zu haben oder mit seinen Ideen nicht gut anzukommen. „Ich fühle mich von anderen nicht verstanden, deshalb habe ich kaum soziale Kontakte" ist eine häufig geäußerte Klage Hochbegabter. Das muß zwar nicht so sein, aber gerade weil man sich selbst unverstanden fühlt und deshalb Kontakte scheut, empfindet man auch, daß man weniger Kontakte hat als andere Menschen.

Rost & Hanses haben solche und ähnliche Aussagen in ihrem Marburger Hochbegabtenprojekt näher unter die Lupe genommen und u. a. das soziale Selbstkonzept Hochbegabter untersucht. 184 bzw. 144 für ein Förderprogramm ausgewählte Jugendliche im Alter von 15 bis 17 Jahren wurden nach hochbegabungsspezifischen Vor und Nachteilen befragt. Die Ergebnisse legen nahe, daß diese Jugendlichen ihre persönlichen Erfahrungen mit ihrer eigenen Hochbegabung als durchaus positiv bezeichneten: z. B. als persönliches Wachstum, größeres Selbstvertrauen, innere Harmonie, leichtes Arbeiten, schnelleres Begreifen, Erreichen guter Zensuren, effektives Problemlösen. Als Nachteile der eigenen Hochbegabung wurden übereinstimmend fast ausschließlich soziale Aspekte genannt, die man als Stereotypisierungen wie „Streber", „Snob" bezeichnen kann oder die als soziale Isolation und Entfremdung, zu hoher Erwartungsdruck von anderen, das Gefühl, mißverstanden oder ausgenutzt zu werden, beschreibbar sind.

Andere Aspekte des Selbstwertgefühls von hochbegabten Kindern liefern in dieser Untersuchung im Hinblick auf den leistungsbezogenen Selbstwert positivere Werte als bei normalbegabten. Entscheidend dabei ist aber, daß sich die Begabung in direkt erlebbarer Leistung niederschlägt. In Bezug auf Fertigkeiten des Sozialverhaltens schätzen sich hochbegabte Kinder weniger gut ein.

Wie schätzen Menschen im allgemeinen hochbegabte Menschen ein? Welche Erwartungen haben sie an sie? Wie sehen sie sie?

Ellen Winner hat in ihrem Buch „Begabte Kinder – Mythos und Wirklichkeit" eine Reihe von Mythen zum Thema Hochbegabung zusammengetragen und versucht, sie zu widerlegen. Einige Mythen beziehen sich auf das falsche Verständnis der Begriffe „Talent" und „Begabung" oder den „IQ", andere Mythen besagen, daß hochbegabte Kinder durch ihre ehrgeizigen Eltern dazu gemacht werden. Wieder andere Mythen lauten, daß alle Kinder begabt seien.

Neben solchen Mythen gibt es auch eine Reihe von falschen Vorstellungen über hochbegabte Menschen. Da ist einmal die Erwartung, daß hochbegabte Menschen Führungsrollen übernehmen. Landau fand in ihren Studien heraus, daß dies nicht zutrifft. Hochintelligente rechtfertigen ihr mangelndes Engagement für Führungsaufgaben damit, daß sie ihre Energien anders einsetzen möchten. Weiters hat sie herausgefunden, daß noch andere Faktoren für eine solche Einstellung verantwortlich sind, wie beispielsweise mangelnde Unterstützung durch das soziale Umfeld, emotionale Unsicherheit und daraus resultierend eine erhöhte Anpassungsbereitschaft. Sie schreibt:

"...Competence and responsibility is something we create; we are not born with it. Only by actualizing our potential, can we realize what are we able to do, what we might be responsible for... Often it seems wiser to be like the others and conform. The need to conform, or hide behind others should not be seen as the opposite of gifted originality, but as emotional insecurity. Only when freedom and security are provided by the environment, the gifted child will dare to 'become' his potential and thus learn what he can do. Experiencing it, trying it out, will transform the gifted child's ability for leadership into a need...". (Übersetzung: „Kompetenz und Verantwortung sind etwas, das wir schaffen, wir werden nicht damit geboren. Nur wenn wir unser Potenzial aktualisieren, erkennen wir, wozu wir fähig sind, wofür wir verantwortlich sein könnten... Oft scheint es klüger zu sein, wie die anderen zu sein und sich anzupassen. Das Bedürfnis nach Konformität, oder nach Verstecken hinter den Schultern anderer sollte nicht als Gegensatz zur Begabung gesehen werden, eher als emotionale Unsicherheit. Nur wenn Freiheit und Sicherheit garantiert sind, wird ein hochbegabtes Kind es wagen, sein Potenzial umzusetzen und zu lernen, was es kann. Indem es dies versucht, ausprobiert, transformiert sich seine Fähigkeit zur Führung zu einem Bedürfnis...").

Ähnlich herrscht die Auffassung vor, daß hochbegabte Menschen erfolgreich sein bzw. automatisch Erfolg haben müßten.

„If you are smart, you have to be rich" hört man in den USA immer wieder. Studien in verschiedenen Ländern widerlegen jedoch diese Meinung (z. B. Pringle). Man darf nicht übersehen, daß „Erfolg haben, erfolgreich sein" von jedem Menschen anders gesehen werden kann. Für den einen ist z. B. das gute Abschneiden bei einem Wettbewerb ein erstrebenswerter Erfolg, beim anderen der Besitz eines schnellen Autos. Der gesellschaftlichen Einfluß auf die Definition dessen, was gerade den Erfolg ausmacht, ist nicht zu unterschätzen. Anekdoten über das Leben berühmter Männer und Frauen beschreiben die „Schwierigkeiten" und „Mißerfolge" hochbegabter Menschen, die sie in der Schule hatten. So war Einstein nicht besonders gut in Fremdsprachen, George Bernard Shaw hatte „Probleme" mit der Orthographie, E. A. Poe wurde wegen einiger Verfehlungen von der Schule verwiesen und Tolstoi zeigte in der Schule massive Lernunlust.

Unter „Erfolgsorientierung" versteht Brengelmann den Antrieb zur optimalen Selbstverwirklichung.

Erfolgsstreben manifestiert sich u. a. in allgemeiner Leistungsorientierung, in Besitz und Führungsstreben, sowie in entsprechenden Zukunftsperspektiven, z. B. gesellschaftlichem Erfolg, Karriere, Familienplanung.

Erfolgsorientierung wird psychologisch als ein dispositives Merkmal betrachtet, das man als eine Antezedenzbedingung situativer Motivation und nachfolgender Handlung ansehen kann.

Wie vielfältig die individuelle Bedeutung von „Erfolg" sein kann, zeigt auch ein Sinnspruch von Emerson:

SUCCESS

To laugh often and much

to win the respect of intelligent people

and the affection of children

to earn the appreciation

or honest critics and endure

the betrayal of false friends;

to appreciate beauty,

to find the best in others;

to leave the world

a bit better, whether

by a healthy child,

a garden path

or a redeemed social condition:

to know even one life

has breathed easier

because you have lived.

That is to have succeeded.

Ralph Waldo Emerson

1.3 Underachiever

Baskara sagte in einem Referat anläßlich einer ECHA-Konferenz, daß ein intelligenter Bürger das Wertvollste einer jeden Gesellschaft ist, die demokratische Werte schätzt und an der menschlichen Freiheit festhält. Deshalb sei es im Interesse jeder Gesellschaft, Begabungen zu erkennen und sie zu fördern. (Das Thema Hochbegabtenförderung sprechen wir noch in einem eigenen Abschnitt an.).

Nicht alle Begabten und Hochbegabten werden von ihrer Umwelt als solche erkannt; nicht alle können sich durch das vorhandene Schulsystem entsprechend ihren Begabungen und Stärken entfalten. Anpassungsschwierigkeiten, Unterforderung im Unterricht, Ausgrenzung und Stigmatisierung können zu schulischem Versagen führen. Ein kurzer Exkurs in das Thema „Underachievement" ist deshalb jetzt vorgesehen.

Eine wichtige Aufgabe, hochbegabte Schüler zu erkennen und auf sie im Unterricht entsprechend einzugehen, haben die Lehrer zu erfüllen. Jedoch – haben sie eine entsprechende Ausbildung dafür? Gibt es ausreichende Fort und Weiterbildungsmöglichkeiten auf diesem Gebiet für Lehrer?

Mit diesen Fragen beschäftigt sich Drewelow, der eine Umfrage zu den Aspekten der Begabungsförderung in der Lehrerausbildung und der Lehrerfortbildung durchgeführt hat. Die Fragen und die Ergebnisse dazu sind in der ABB Information Nr. 36 dargestellt. Drewelow fragte: „In welcher Form wird das Thema Begabtenförderung in der Lehrerausbildung bei Ihnen behandelt?". Das Resümee aus den Antworten dazu beschreibt er wie folgt:

„Begabungsförderung ist ein wichtiges und in der Ausbildung vernachlässigtes Thema. Es gehört in den meisten Einrichtungen der Lehrerausbildung sowohl der ersten als auch der zweiten Phase nicht zum verbindlichen Ausbildungsprogramm. Künftige Lehrer werden in der Mehrzahl also nicht hinreichend auf ihre Aufgaben bei Erkennen und Fördern von Begabungen vorbereitet". So lange hier keine Veränderung eintritt, wird es immer Underachiever geben.

Auszug aus einem testpsychologischen Gutachten:
... „X. ist hochbegabt. Bei einer so guten Begabung muß es X. zunehmend schwer fallen, bei sich wiederholenden Aufgaben in der Schule interessiert am Unterricht teilnehmen zu können. Dies muß dazu führen, daß X. sich auch mit anderen Dingen beschäftigt, die den Unterricht stören. Obwohl X. die geforderten Leistungen mit Leichtigkeit erbringen kann, werden jedoch Anstrengungsbereitschaft und Ausdauer nicht angesprochen und die Leistung wird verweigert
Es ist dabei bemerkenswert, daß X. mit zunehmender Schwierigkeit der Aufgaben eine erhöhte Anstrengungsbereitschaft zeigt und enorme Leistungszuwächse erzielt...
Typisch für Kinder mit dieser Begabungsstruktur ist, daß sie in den ersten Schuljahren mit wenig Mühe die geforderten Leistungen erbringen, solange sie gefordert sind. Bei Leistungen, die Ausdauer beinhalten, versagen die Kinder sehr häufig. Um diese wichtigen Fähigkeiten wie Ausdauer, Anstrengungsbereitschaft und angemessenes Sozialverhalten besser trainieren zu können, ist es wichtig, die gesamte Anforderung zu verstärken. Dies kann in der Regel durch eine Versetzung in die nächst höhere Klasse erfolgen. Werden die Anforderungen nicht angehoben, so lernen diese Kinder nicht, zu lernen und geraten sozial immer mehr in eine Einzelsituation. Die Schwierigkeiten, sich Gleichaltrigen gegenüber auf deren Niveau zu äußern, führt manchmal zu spontanen Reaktionen, die unrichtig als Aggressivität interpretiert werden könnten. Es ist eher Hilflosigkeit, sich verbal auf einem einfacheren Niveau zu verständigen.
Für X. ist daher eine stärkere Förderung, am besten durch eine sofortige Vorversetzung in die nächst höhere Klasse zu empfehlen, um das Sozialverhalten zu reaktivieren und zu verhindern, daß X. aus Unterforderung weiterhin zu einem Schulversager wird."...

Drewelows zweite Frage hinsichtlich der Lehrerfortbildung lautete: „Zu welchen Themen der Begabtenförderung wurden von Ihnen 1998, 1999 und 2000 Fortbildungskurse angeboten?".

Er schreibt hierzu als Resümee: „Neben positiven Ansätzen, die in der Schulpraxis tätigen Lehrkräfte für ihre Funktion bei der Begabungsförderung durch Fortbildungskurse zu sensibilisieren, zu informieren, zu motivieren und zu befähigen, gibt es in der systematischen Fort- und Weiterbildung aller Lehrer zur Begabungsförderung noch beträchtlichen Nachholbedarf".

Damit wird ausdrücklich festgestellt, daß den besonderen Bedürfnissen hochbegabter Kinder in der Schule und in der Ausbildung nicht immer Rechnung getragen wird. Auch später im Beruf gibt es nicht immer Verstehen und Verständnis, weshalb bei vielen die Gefahr besteht, zum Underachiever in der Schule oder zum Versager im Beruf zu werden.

Welche besonderen Bedürfnisse haben Hochbegabte? Was kann dazu führen, daß sie ihre Leistung verweigern? Wie können sie zu Underachievern, zu „Versagern" werden? Was sollte gewährleistet sein, damit Hochbegabte mit Freude lernen, Leistung erbringen und sich voll entfalten können?

Im folgenden werden einige Bedürfnisse, geordnet nach Bereichen, dargestellt, deren Befriedigung zu guten Leistungen motiviert.

Bedürfnisse Hochbegabter beispielsweise im **kognitiven** Bereich:
- Möglichkeit zu eigenständigem Lernen nach eigenem Lerntempo,
- Möglichkeit zum Entwickeln und Einsetzen individueller Lernstrategien,
- Möglichkeit, außergewöhnliche Lösungen zu entwickeln,
- Anreize, auf höherer kognitiver Ebene zu arbeiten,
- Freiheit, auch weiter denken zu dürfen und selbst neue Wege zu erkunden.

Beispiele für Bedürfnisse Hochbegabter im **affektiven** Bereich:
- Erlaubnis, aus Fehlern zu lernen,
- Möglichkeit zur Entwicklung von Risikobereitschaft,
- ungestraft Fragen stellen zu dürfen, Gegebenes zu hinterfragen.

Beispiele für Bedürfnisse Hochbegabter im **sozialen** Bereich:
- Möglichkeit, Sozialkompetenz zu entwickeln und einzuüben,
- die eigene Rolle in der Gesellschaft zu reflektieren.

Wie unschwer einzusehen ist, werden solche Bedürfnisse im heutigen Bildungssystem kaum befriedigt. Das liegt nicht am mangelnden Interesse oder Können der Lehrer. Eine Vielzahl von Ursachen kann dazu führen: wie schon erwähnt, sind es vor allem Mängel in der Aus- und Fortbildung, aber auch vorgeschriebene Strukturen, Zeitprobleme, finanzielle Engpässe, Integrationsprobleme, Unterversorgung durch Lehrkräfte u.a.m. können dafür maßgebend sein.

Woran erkennt man, ob ein Kind hochbegabt ist?

- *es verfügt über einen ungewöhnlichen Wortschatz*
- *erfaßt komplexe Sachverhalte schnell und richtig*
- *sein Gedächtnis ist außergewöhnlich gut*
- *beschäftigt sich selbst und ist mit hoher Konzentration und Ausdauer bei Dingen, die es sehr interessieren*
- *seine Sprache ist ausdrucksvoll und differenziert*
- *es verfügt über eine sehr gute Beobachtungsgabe*
- *Lesen und Schreiben hat es sich schon vor dem Eintritt in die Schule selbst beigebracht*
- *Zählen und Rechnen macht ihm Spaß (auch mit größeren Zahlen)*
- *es hat ein ausgeprägtes Gerechtigkeitsempfinden*
- *gegenüber Autoritäten verhält es sich eher kritikbereit*
- *es zeigt ein für ein Kind seines Alters ungewöhnliches Interesse an Umweltfragen, Philosophie, Politik oder aktuellen wissenschaftlichen Fragestellungen*

Die Unterforderung in der Schule kann dazu führen – wie das Beispiel im psychologischen Gutachten verdeutlicht – daß jemand seine Leistung verweigert und das Interesse am Engagement völlig verliert. Das bedeutet nicht nur, daß einem Hochbegabten so der Weg in eine akademische Laufbahn, die kognitiv spielend zu meistern wäre, verbaut werden kann, sondern auch, daß manche Hochbegabte psychische Schäden nehmen. Oft landen sie in Arbeitslosigkeit oder in Berufen, die sie intellektuell keineswegs ausfüllen. Einige werden mit einem solchen Schicksal gut fertig, wie Erfahrungen zeigen. Bei manchen können dadurch auch größere psychische, physische oder soziale Probleme auftreten.

1.4 Persönlichkeit des Hochbegabten

Mit dem Begriff „Persönlichkeit" bezeichnet man in der Psychologie solche Verhaltensmerkmale eines Menschen, die von spezifischen Situationen unabhängig sind und über die Zeit hinweg stabil auftreten.

Interessant ist deshalb die Frage, ob Hochbegabte im Laienverständnis – oder wissenschaftlich untermauert – eine besondere Persönlichkeitsstruktur oder typische psychische Merkmale oder besondere Verhaltensauffälligkeiten aufweisen.

Die Meinung von Laien, wie „Hochbegabte sind lebensuntüchtig", „Hochbegabte sind introvertiert, eigenbrötlerisch", „mit Hochbegabten kannst Du nicht normal sprechen", „Hochbegabte sind gehemmt", bis hin zur Behauptung von „Genie und Wahnsinn" usw. soll hier nur beispielhaft dargestellt werden. Interessanter ist das, was Wissenschaftler dazu herausgefunden haben.

So weist beispielsweise Storfer auf physische Auffälligkeiten hin, die bei hochbegabten Menschen häufig auftreten können:

- Kurzsichtigkeit,
- Neigung zu Allergien,
- Linkshändigkeit.

Zu den psychischen Merkmalen zählen nach Storfer erhöhte Sensibilität, emotional-soziale Irritierbarkeit und Neigung zu Minderwertigkeitsgefühlen.

Eine ausführliche Untersuchung über Persönlichkeitsmerkmale Hochbegabter mit zahlreichen Literaturquellen hierzu wurde im Rahmen des Marburger Hochbegabtenprojekts unter dem Kapitel „Persönlichkeitsmerkmale hochbegabter Kinder" durchgeführt. Ich will in diesem Zusammenhang nur darauf hinweisen, ohne näher darauf einzugehen.

> *Die „Divergenzhypothese" nach Urban, wonach ein „Plus" in der kognitiven Leistung bei Hochbegabten einem „Minus" in der psychophysiologischen Belastbarkeit gegenübersteht, ist ebenso zutreffend wie seine „Konvergenzhypothese", die einer hervorragenden Begabung eine ebenso hervorragende seelische und körperliche Gesundheit zuschreibt.*

Der amerikanische Psychologe Webb stellte charakteristische Verhaltensauffälligkeiten bei Hochbegabten zusammen. In diesen Merkmalen unterscheiden sich im allgemeinen hochbegabte von normal begabten Menschen. Hochbegabte zeigen in seiner Studie eher:

- Ungeduld
- Widersetzung gegenüber Vorschriften
- Dominanzverhalten
- Unangepaßtheit
- Empfindlichkeit gegenüber Kritik
- Verlangen nach Anerkennung
- Aktivitätsdrang
- Interessenvielfalt
- unkonventionelles Verhalten
- besondere Art von Humor
- Perfektionismus
- Idealismus.

Viele weitere Untersuchungen zu persönlichen Eigenschaften Hochbegabter (z. B. Benbow, Renzulli, Taylor, Holland, Mc Clelland) zeigten zum Teil einander widersprechende Ergebnisse, wohl deshalb, weil man dazu unterschiedliche Gruppen Hochbegabter, wie Mathematiker und Physiker, Künstler oder Politiker, heranzog. Ziemlich gleichbleibend tauchten bei Hochbegabten folgende Merkmale auf:

- hohe Motivation
- Durchhaltefähigkeit
- Leistungsstreben
- starkes Bedürfnis nach Unabhängigkeit
- Faszination von Unordnung und von Ausnahmen
- NichtKonformität
- emotionale Stabilität
- Freundlichkeit
- hohe Kreativität
- Introversion
- Willenskraft.

Lovecky fand bei ihren Untersuchungen der sozialen Bedürfnisse Hochbegabter die folgenden:

1. Divergenz (divergency)

2. Erregbarkeit (excitability)

3. Sensitivität (sensitivity)

4. Wahrnehmung (perceptivity)

5. Entelechie (entelechy).

1. Divergenz:

darunter versteht Lovecky die Fähigkeit zu innovativen Ideen, Phantasiereichtum, Querdenken. Hochbegabte, die eine starke Divergenz aufweisen, passen sich nur schwer an und sind im Beruf „schwierige Mitarbeiter".

2. Erregbarkeit:

im Sinne von Lovecky besteht in der Fähigkeit, die Energie über lange Zeit hinweg konzentrieren zu können. Menschen mit hoher Erregbarkeit fokussieren ihre Aufmerksamkeit und Konzentration auf bestimmte Probleme und können viele unterschiedliche Aufgaben gut erledigen. Sie lieben Risiken und Herausforderungen, sie sind hochproduktiv. Sie fürchten Langeweile und beschäftigen sich deshalb oft mit vielen Projekten gleichzeitig, die sie jedoch nicht alle abschließen, weil sie immer auf der Suche nach neuen Herausforderungen sind.

3. Sensivität:

Lovecky fand bei vielen Hochbegabten, daß sie sich stark um andere kümmern und eine starke Empathie zeigen. Lovecky sagt, „Hochbegabte denken mit ihren Gefühlen". Hochbegabte mit einer hohen Sensitivität scheinen gleichzeitig über eine hohe moralische und emotionale Sensibilität zu verfügen.

4. Wahrnehmung:

nach Lovecky können Hochbegabte die Bedeutung von persönlichen Symbolen besser erkennen als Normalbegabte und hinter die Fassade schauen. Sie fallen nicht auf Oberflächlichkeiten herein. Sie sind in der Lage, ihr Verhalten und das anderer objektiv zu sehen. Sie verbergen jedoch gern ihre „Erkenntnisse", um von den Mitmenschen nicht zurückgewiesen zu werden.

5. Entelechie:

als ein wichtiges Merkmal Hochbegabter nennt Lovecky die „Entelechie", eine besondere Form der Motivation, der inneren Stärke und Lebenskraft. Hochbegabte mit dieser Eigenschaft können verletzbar sein, wirken auf andere anziehend, weil sie anderen viel geben können. Sie brauchen im Grunde genommen viele Freunde, jeden davon, um den speziellen Bedürfnissen entgegenzukommen. Die verschiedenen Facetten der Multidimensionalität solcher Hochbegabter können nur durch verschiedene Freunde genährt werden.

In den USA wird eine Theorie der Persönlichkeitsentwicklung bei Hochbegabten stark beachtet: Die Theorie der „Positiven Disintegration" von Dabrowski.

Dabrowski nennt das Merkmal, in welchen sich Hochbegabte von Normalbegabten am meisten unterscheiden, „Overexcitability" (Übersensibilität, Übererregbarkeit). In seiner Theorie beschreibt er ausführlich, worin sich diese Übersensibilität äußert und wie sie zur Persönlichkeitsentwicklung beitragen kann.

Der derzeit bedeutendste Dabrowski-Forscher ist Michael Piechowski, der in zahlreichen Untersuchungen diese Theorie erläutert und Skalen zur Ermittlung der einzelnen Integrationsstufen entwickelt hat.

Ich möchte kurz näher auf den Begriff „Overexcitability" eingehen.

Overexitability kann sich nach Dabrowski folgendermaßen ausdrücken:

Psychomotorisch: als

- Energieüberschuß (schnelles Sprechen, Aktivitätsdrang, Hektik usw.)
- psychomotorischer Ausdruck emotionaler Anspannung (kompulsive Kommunikation, nervöse Gewohnheiten wie Tics, Workaholismus usw.)

Sensorisch: als

- Freude an Wahrnehmungen (Sehen, Riechen, Berühren usw.)
- Sensorischer Ausdruck emotionaler Anspannung (Eßsucht, sexuelle Ausschweifungen, Drang, im Rampenlicht zu stehen usw.)
- Ästhetische Freuden (Liebe zu wertvollen Objekten, Wortspiele, anspruchsvoller Stil usw.)

Intellektuell: als

- Lernen und Problemlösen (Neugierde, hohe Konzentrationsfähigkeit, Ausdauer, schnelles Lesen, detailliertes Planen usw.)
- Theoretisches Denken (Metakognitionen, Introspektion, Liebe zur Theorie und Analyse, Moralbewußtsein, hierarchisches Wertesystem, intuitive Integration usw.)

Kreativ: als

- Starke Phantasien (häufiger Gebrauch von Metaphern, Erfindergeist, Visualisierungsfähigkeit, Sinn für Poesie und Dramatik, animistisches und magisches Denken usw.)
- Spontane Vorstellungen als Ausdruck emotionaler Anspannung (animistische Vorstellung, Vermischung von Wahrheit und Fiktion, ausgefeilte Träume, Illusionen, detailliertes visuelles Gedächtnis, Furcht vor Unbekanntem, Tendenz zum Dramatisieren usw.)

Emotional: als

- Gefühlsintensität (positive/negative Gefühle, extreme Emotionen, Identifikation mit den Empfindungen anderer, Mitgefühl usw.)
- Somatische Zeichen (Magenbeschwerden, Herzprobleme usw.)
- Hemmungen (Schüchternheit, Minderwertigkeitskomplexe)
- Starkes affektives Gedächtnis
- Ängste, Schuldgefühle
- Beschäftigung mit dem Tod, Depressionen, Selbstmordabsichten
- Bindungsgefühle (Verantwortungsgefühle für andere, Empathie, Tierliebe, Anpassungsschwierigkeiten in neuer Umgebung, Einsamkeitsgefühle)
- Selbstwertgefühl (Selbstbeurteilung, Minderwertigkeitsgefühle).

In den USA arbeiten insbesondere Therapeuten viel mit dieser Theorie, die hierzulande noch relativ unbekannt ist.

1.5 Hochbegabte im Beruf

Das Thema Hochbegabte im Beruf muß unbedingt erwähnt werden, wenn auch aus Platzgründen nur kurz.

Im Beruf zählen die herkömmlichen Maßstäbe von Hochbegabung, wie etwa überdurchschnittliche Intelligenz, nicht so sehr, wie Eigenschaften, die für eine bestimmte Aufgabe erforderlich sind, und Fach- oder Spezialkenntnisse, die auf einem bestimmten Arbeitsplatz gebraucht werden, also Expertise. Hochbegabung, eine außergewöhnlich hohe Intelligenz an sich, ist im Beruf nur dann interessant, wenn sie im täglichen Arbeitsablauf verwertbar ist oder vom Betreffenden umgesetzt werden kann. Viel bedeutender als begabungsspezifische Aspekte können für beruflichen Erfolg soziale Kompetenzen in Verbindung mit einem ansprechenden Äußeren, etwas Glück – und manchmal auch guten Beziehungen sein!

Ich möchte an dieser Stelle zwei Beispiele aus der Praxis bringen: Das eine soll zeigen, welche Anforderungen an leistungsstarke Mitarbeiter in einem Unternehmen aus der Sicht einer speziellen Unternehmensführung gestellt werden können (Karg-Stiftung). Das hier dargestellte Anforderungsprofil erscheint mir sehr realistisch und deckt sich in vielen Punkten mit eigenen langjährigen Erfahrungen in der Personalauswahl als Betriebspsychologin in der Hauptverwaltung der Deutschen Lufthansa AG.

Die andere Erfahrung wird in einem Interview geäußert und betrifft den Umgang mit hochbegabten Menschen im betrieblichen Alltag. Dabei wird auch auf kreatives, erfinderisches Denken und Arbeiten und auf die Einbeziehung hochbegabter Kinder in Erfindungsprozesse eingegangen.

Zunächst die Anforderungen der Karg-Stiftung:

Der Unternehmer Hans-Georg Karst, der große Teile seines Vermögens in eine Stiftung zur Förderung Hochbegabter umwandelte, formuliert aus seiner Erfahrung als Führungskraft, was seiner Meinung nach einen „hochbegabten" Menschen ausmacht: Nicht derjenige sei hochbegabt, der mehr weiß als andere, sondern der, der mehr kann als andere. Hinzu kämen noch wichtige persönliche Eigenschaften, wie

Flexibilität

Neugier

Aufgeschlossenheit

Hartnäckigkeit

Durchhaltevermögen

Experimentierfreude

soziale Verantwortung gegenüber den Mitmenschen.

Diese psychischen und persönlichen Merkmale sind in einem Wirtschaftsunternehmen von großer Bedeutung. Sicherlich hatte der Unternehmer Karg damit seine Idealvorstellung eines hochbegabten Mitarbeiters formuliert.

Das andere Beispiel, was von Hochbegabten im Beruf erwartet werden kann, wird durch ein Interview illustriert, das ich mit dem Unternehmer, Erfinder, Methodiktrainer und Buchautor Dietmar Zobel führte. Es ist hier in Originalversion wiedergegeben. Es ist gewissermaßen vorwegnehmend auch schon ein Beitrag zum zweiten Teil des Buches, zu den Berichten Betroffener.

1.) Herr Dr. Zobel, bitte stellen Sie sich kurz den Lesern vor

„Geboren bin ich 1937 in Dessau, aufgewachsen in Quedlinburg am Harz. Studiert habe ich an der Technischen Hochschule für Chemie in Merseburg. Nach dem Diplom (1962) arbeitete ich im Stickstoffwerk Piesteritz – als Betriebsleiter, Hauptabteilungsleiter, und schließlich als Geschäftsbereichsleiter. Promotion 1967, Habilitation 1974 (extern, d. h. jeweils ohne Unterbrechung der Industrietätigkeit). Mein Fachgebiet war die Anorganische Phosphor-Chemie. Ohne in der Forschung tätig zu sein, entwickelte ich unmittelbar in der Produktion etliche Verfahren weiter und erfand zwei völlig neue Verfahren, von denen eines in Lizenz nach Kasachstan vergeben wurde. 35 wissenschaftliche Publikationen und 50 Patente spiegeln die Ergebnisse dieser Zeit (1962-1992) wider. Seit 1982 interessiere ich mich für die Methodik des Erfindens. 1985 erschien mein erstes Buch („Erfinderfibel"). Seit 1993 arbeite ich als selbständiger Gutachter, Berater und Methodiktrainer *(Ing.-Büro für Systemtechnik Dr. Dietmar Zobel, Lutherstadt Wittenberg).*Das zweite Buch zum Thema erschien 1991 („Erfinderpraxis"), das dritte 2001 („Systematisches Erfinden"). Mein Hauptarbeitsgebiet ist heute die methodische Bearbeitung von Unternehmens-Themen gemeinsam mit den Betriebsexperten mittelständischer Unternehmen. Die von mir auch in Seminaren vermittelte Methodik funktioniert branchenübergreifend.

2.) Hatte Hochbegabung in Ihrem beruflichen Leben eine Bedeutung, wenn ja, welche?

Ich beziehe die Frage auf meine unmittelbar beruflichen Begegnungen mit hoch Begabten. Während meiner drei Jahrzehnte währenden Industrietätigkeit waren derartige Begegnungen außerordentlich selten. Für mich persönlich bedeuteten diese wenigen Fälle aber sehr viel: allein schon das Gefühl, nicht immer nur mit ödestem Mittelmaß zu tun zu haben, kann sehr stimulierend wirken. Die Herausforderung liegt vor allem darin, die im Allgemeinen sehr unangepassten Kreativen mit viel Einfühlung in Richtung nützlicher Arbeit zu lenken, ohne sie in das Korsett des Konventionellen zu zwängen (weil sie sonst nicht mehr mitspielen würden). Hierbei kann ein für Hochbegabungen empfänglicher Manager wichtigste Anpassungsarbeit leisten: er sollte sich nicht zu schade sein, die aus formaler Sicht manchmal etwas seltsamen Ergebnisse des hoch Begabten *selbst* in die Sprache der Praxis zu übersetzen. Das wird zwar vielleicht theoretisch anerkannt, in der Praxis überwiegt jedoch die demütigende Zurückweisung *(„Was soll ich damit? Bringen Sie das erst einmal in eine anständige Form!").* Ein derartiges Verhalten zeigt dem neutralen Beobachter zwar, wes Geistes Kind ein solcher Manager ist, was nützt das aber dem schwer frustrierten hoch Begabten?

3.) Über intellektuell hoch begabte Menschen gibt es vielerlei Vorurteile. Welche Erfahrungen haben Sie persönlich mit intellektuell hoch Begabten gemacht?

Die Frage ist nur schwierig zu beantworten. Vor allem ist insbesondere unter Experten strittig, *wer* eigentlich als hoch begabt einzustufen ist, und welche Kriterien dafür gelten sollen. Nach meiner Erfahrung haben die wenigen hoch Begabten, denen ich bisher beruflich begegnet bin, tatsächlich etwas Exzentrisches an sich – sei es auch nur, dass sie sich aus der Sicht des Normalbürgers reichlich seltsam verhalten oder durch absolut unpassende Bemerkungen „glänzen"; so gesehen, halte ich die entsprechenden Vorurteile durchaus nicht nur für Vorurteile. Mich selbst betrachte ich ganz gewiss nicht als sonderlich begabt. Jedoch glaube ich, zwei oder drei Mal hoch Begabte erkannt und im Rahmen meiner begrenzten Möglichkeiten dazu beigetragen zu haben, sie vor dem sicheren Untergang zu bewahren. Es ist nämlich so, dass das typische Management (und zwar völlig unabhängig vom Gesellschaftssystem) solche Leute für ebenso bedrohlich wie die Probanden vom anderen Ende der Skala (d. h. die absolut Unfähigen) hält. L. J. Peter („Peter's Principle") hat schon Recht: Super-Kompetente werden ebenso eliminiert wie Super-Inkompetente. Vielleicht spielt dabei auch ganz einfach die Bequemlichkeit mit: einige fähige Manager erkennen sehr wohl, dass ein hoch Begabter vor ihnen steht – aber den Strapazen, sich mit einem solchen Menschen auf Dauer abzugeben, wollen sich diese Manager eben doch lieber nicht aussetzen. So werden dann im Zweifelsfalle durchschnittlich Befähigte, die höflich und nett sind, bevorzugt.

Es gibt aber auch noch eine andere Art von Hochbefähigung, mit der ich in einem Falle beruflich zu tun hatte. Diesen wohl besonders seltenen Typ möchte ich als „Praktisches Genie" bezeichnen. Das Praktische Genie ist in der Lage, sich sehr kurzfristig auf fast allen Gebieten einzuarbeiten. Erwacht sein Interesse, so vermag es in für ihn zunächst neuen Gebieten sehr bald kreative Leistungen zu erbringen. Gegenüber dem mehr theoretisch ausgerichteten hoch Befähigten qualifiziert ihn vor allem sein Gespür für das Machbare: Konventionelle, Zögerer, Zauderer und formal arbeitende Manager staunen über das sagenhaft günstige Aufwands-Nutzen-Verhältnis, welches das Praktische Genie immer wieder erreicht. Aber geliebt werden solcherart hoch Befähigte natürlich ebenfalls nicht: Neid dominiert, die typische Unterstellung lautet: „Der denkt doch nur an sich" (na und – die Neider etwa nicht?). Im Gegensatz zum exzentrischen Hochbegabten braucht das Praktische nie zum Glück keinen Gönner zum Überleben. Es ist ganz klar, dass solche Menschen speziell für den industriellen Fortschritt unentbehrlich sind. Der, dem ich seinerzeit in meinem Arbeitsumfeld begegnet bin, durfte sich bei mir so manches erlauben, was ich weniger Befähigten kaum nachgesehen hätte. Zu diesem seltenen Typ gehörte meiner Meinung nach übrigens auch *Manfred Baron von Ardenne*, der Erfinder des Raster-Elektronenmikroskops und des elektronischen Fernsehens. Ich bin ihm mehrmals begegnet und bewundere ihn noch heute. Wer es schafft, trotz aller Anfeindungen auch auf medizinischem Gebiet (Krebs-Mehrschritt-Therapie, Sauerstoff-Vitalisierung) echte Spitzenleistungen zu vollbringen, zeigt uns exemplarisch, wie befruchtend der konsequente Umstieg in ein völlig anderes Fachgebiet sein kann.

4.) Hat Ihrer Meinung nach Erfinden mehr mit Intelligenz oder mehr mit Kreativität zu tun?

Sie haben in Ihrem Buch die Frage, was Intelligenz und was Kreativität ist, sehr tiefgründig und komplex abgehandelt. Eine direkte Antwort auf Ihre Frage fällt mir gerade deshalb nicht leicht. Lassen Sie mich Intelligenz hier vereinfachend als die Fähigkeit definieren, in kurzer Zeit sehr viele komplizierte Tatsachen und Zusammenhänge erlernen und verstehen zu können. Die Frage ist nun, was der hoch Intelligente damit anfangen kann: ist er zugleich hoch kreativ, so vermag er ganz ungewöhnliche (völlig neue, weitere, durchaus nicht erlernte/erlernbare) Zusammenhänge zu erkennen. Dies ist die Nahtstelle zum erfinderischen Denken. Ist aber der hoch Intelligente nicht zugleich auch kreativ, so vermag er mit seinem glänzenden Wissen, auch wenn es neuesten Datums ist, nur wenig anzufangen. Er erkennt ganz einfach nicht, welche faszinierenden Verknüpfungen und Assoziationen sein Wissensfundus hergibt. Somit ist er oft genug einem vielleicht etwas weniger intelligenten, dafür aber hoch kreativen Konkurrenten unterlegen, wenn es um die erfinderische Effizienz geht. Besonders auffallend ist dies bei hoch kreativen Leuten, die – aus welchen Gründen auch immer – ungenügend ausgebildet sind, und die deshalb über wenig Faktenwissen verfügen. Es erstaunt mich immer wieder, zu welch ungewöhnlichen Ideen solche Leute gelangen: *Sehen, was jeder sieht, und denken, was niemand gedacht hat" (A. v. Szent-Györgyi).* Sie sind offenbar in der Lage, in dem an sich viel zu knapp mit Fakten bestückten Assoziationsraum recht kühne Sprünge ausführen zu können, ohne abzustürzen. Aber lassen Sie mich die geschilderte Situation nicht generell glorifizieren: Viele stürzen eben auch ab – denn schließlich gilt: *„Tatsachen sind das Gerüst des Denkens" (W. Gilde).* Somit kämen wir zu dem Schluss, dass zwar Intelligenz allein ohne Kreativität wenig nutzt, Kreativität allein aber eben nicht im luftleeren Raum stattfinden kann. Dies gilt ganz besonders dann, wenn der hoch Kreative, dem es ein wenig an Intelligenz mangelt, nicht bereit ist sich zu qualifizieren. Er erkennt dann im Extremfall noch nicht einmal die Naturgesetze an, betätigt sich als *Perpetuum-Mobilist* und verstärkt die bedauernswerte Riege der „verkannten Genies".

5.) Sie haben ein interessantes Buch über Systematisches Erfinden geschrieben. Wie sind Sie auf das Thema gekommen?

Es gab zwei auslösende Faktoren. Zum einen hatte ich bereits selbst ziemlich viele Patente angemeldet, und ich begann mich zu fragen, ob das erfinderische Denken mit wachsender Spezialisierung des Erfinders nicht zwangsläufig immer schmalspuriger werden müsse, d. h. sich schließlich nur noch in Patentlücken der Konkurrenz abspielt. Zum Anderen hatte mich mein Freund Dr. Krause auf das Buch „Erfinden – (k)ein Problem? von *G. S. Altschuller* hingewiesen. Dieses Buch wurde dann zum regelrechten Schlüsselerlebnis für mich. *Altschuller* hatte herausgefunden, dass der psychologische Erklärungsansatz zum erfinderischen Denken, d. h. letztlich die These vom „göttlichen Funken", nicht weiter führt, bzw. den kreativen Schritt völlig im Dunklen belässt. *Altschuller* war entsprechend unzufrieden und suchte nun ersatzweise nach logischen Elementen beim erfinderischen Arbeiten. Da er selbst bereits in jungen Jahren etliche Erfindungen gemacht hatte, war ihm bei den Neuheitsrecherchen etwas ganz Entscheidendes aufgefallen: viele Patente lesen sich so, als gehorche das erfindungsgemäß beanspruchte Mittel ganz einfachen Grund-Mustern. Immer wieder wird etwas mit etwas Anderem *kombiniert,* ineinander *geschachtelt, voneinander abgetrennt, mehrfach genutzt, zerlegt,* schnell *aus dem gefährlichen Gebiet entfernt (usw.). Altschuller* fand nun 35, später 40 derartiger Prinzipien, und zwar bei 95% aller von ihm untersuchten, aus den verschiedenste Branchen stammenden Patentschriften. Er sagte sich: wenn das so ist, dann müsste doch die Anwendung dieser Prinzipien auf das Lösen *neuer* erfinderischer Aufgaben im Sinne verlässlicher Lösungsstrategien gelingen. Nun schuf Altschuller seinen *Algorithmus zum Lösen erfinderischer Aufgaben* (ARIZ). Zunächst wird das *Ideale Endresultat* und die zu lösende *eigentliche Aufgabe* definiert. Sodann werden die *Widersprüche* formuliert, welche mich daran hindern, das angestrebte Ideal zu erreichen (Erfindungsaufgaben sind dadurch gekennzeichnet, dass einander widersprechende Forderungen dennoch erfüllt werden müssen: *etwas muss da sein, darf aber nicht da sein; etwas muß heiß, zugleich aber kalt sein).* Derartige Widersprüche lassen sich niemals konventionell (z. B. durch Optimieren), sondern nur erfinderisch überwinden. *Altschuller* setzte nun eben dazu die von ihm gefundenen *Prinzipien zum Lösen Technischer Widersprüche* ein. Da die Beispiele zu den Prinzipien fast nie auf das gerade bearbeitete Problem direkt passen (sie stammen zudem meist aus ganz anderen Branchen), bleibt für den Erfinder immer noch genügend Spielraum für hoch kreatives Arbeiten – nur eben nicht „wild drauflos", sondern innerhalb eines schmalen, auf das Ideal gerichteten Suchsektors. Dies führt zu vergleichsweise wenigen, dafür aber garantiert hochwertigen Lösungs-Ideen. So werden Logik und Kreativität pfiffig miteinander verknüpft.

Mich hatte der Gedankengang dermaßen gepackt, dass ich den ganz besonderen Wert der *Altschuller*-Vorgehensweise gegenüber den bisher üblichen Kreativitäts-Methoden erkannte und mir vornahm, die Methode anzuwenden und weiter zu entwickeln. So entstanden meine drei Bücher zum Thema, von denen das neueste („Systematisches Erfinden", erschienen im expert-Verlag Renningen) auch die von anderen Autoren vorgenommenen Erweiterungen der Methode mit behandelt. Die inzwischen angebotene Erfinder-Software basiert übrigens, falls sie gut ist, sämtlich auf dem *Altschuller*-Gedankengut. Die Leser können sich dazu beispielsweise unter www.triz-online.de näher informieren.

6.) Glauben Sie, dass hoch begabte Kinder von Ihrer Erfinder-Erfahrung profitieren können? Wenn ja, in welcher Weise?

Ja, das glaube ich ganz gewiss. Es ist doch so, dass die Denkweise des Menschen schon in sehr jungen Jahren beeinflusst oder gar nachhaltig geprägt wird. Ein auf Faktenvermittlung angelegter Unterricht wird zwar auch künftig eine Rolle spielen müssen, weil es eben ohne Faktenwissen ganz einfach nicht geht; dazu gehört unstrittig auch das Wissen, wie man schnell an derzeit nicht geläufige Fakten gelangt. Worauf es aber künftig verstärkt ankommt, ist ein Unterricht, der das kreative Denken unmittelbar fördert. Dies leistet die Vermittlung von Fakten und allgemein anerkannten Faktenverknüpfungen aber nicht. Empfehlenswert ist die Behandlung von Denkaufgaben auf erfinderischem Niveau (dafür sind die Kinder keineswegs zu jung!). Für Übungszwecke sollten zunächst dem Lehrer/Trainer bekannte Aufgaben behandelt werden. Recht bald kann man dann zu wirklich neuen Aufgaben übergehen. Didaktisch besonders wichtig ist, das Herausarbeiten der *eigentlichen* Aufgabe immer wieder zu üben (nicht: „Wir wollen das Waschmittel verbessern", sondern: „Die Wäsche muss sauber sein"). Nur eine solche Formulierung führt weg vom Konventionellen: jetzt scheint so ziemlich alles denkbar, und gerade deshalb muss nun über die bereits geschilderten Stufen (ideales Endresultat, zu lösender Widerspruch) eine sinnvolle Auswahl der infrage kommenden Lösungsstrategien erfolgen. Beachtet der Trainer das nicht, so bricht eine wilde, uferlose Ideendiskussion aus, denn jeder möchte doch zeigen, wie pfiffig und schnell er ist.

Erfahrungsgemäß kommt in der Widerspruchsphase bei Kreativen aller Altersklassen das Arbeiten mit *Paradoxien* besonders gut an. Es ist eben anregend und erheiternd zugleich, wenn *von heller Dunkelheit, offener Geschlossenheit* und *stumpfer Schärfe* gesprochen und anschließend gemeinsam die jeweilige technische Entsprechung gesucht wird. Übrigens kommt hier ein ganz besonderer Vorteil der WiderspruchsDenkweise zum Zuge: das Denkmuster ist universell einsetzbar, auch in der Kunst, der Politik, dem täglichen Leben. Ob ich nun den Inhalt einer Politikerrede als „bedeutungsschwangere Bedeutungslosigkeit" oder mit dem Terminus „kristalliertes Vakuum" bezeichne – in jedem Falle wird uns klar, dass diese hoch kreative Ausdrucksweise besonders anregend ist. Begeisterte Schüler beliebigen Alters werden regelrecht süchtig und suchen dann überall – gerade auch im täglichen Leben – nach derartigen Formulierungen und den sich daraus ergebenden Assoziationen.

Leider wird sich aber an unserem Schulunterricht (Analoges gilt für die Universität) wohl kurzfristig nichts ändern, zumal es ganz offensichtlich an entsprechend befähigten Lehrern mangelt. Empfehlenswert wären deshalb Kurse, d. h. fakultative Veranstaltungen für wirklich Interessierte.

7.) Welchen Rat würden Sie als erfahrener Erfinder und Unternehmer   intellektuell hoch begabten Kindern geben?

Ihr wisst oder ahnt, dass Vieles noch unbekannt ist. Um aber zwischen Bekanntem und Unbekanntem unterscheiden zu können, ist es notwendig, bekannte Tatsachen erst einmal zu erlernen. Ich verstehe Euch gut, das ist gewiss manchmal langweilig – aber es hilft nichts, sonst erfindet Ihr das Fahrrad noch einmal.

Versucht Zusammenhänge zu verstehen. Können Euch Eure Eltern und Lehrer nicht weiterhelfen, so denkt Euch selbst etwas dazu aus. Zweifelt an Erklärungen, die Euch nicht einleuchten. Prüft Eure Denkergebnisse im Gespräch mit Freunden, die sich ebenfalls für Neues interessieren.

Bedenkt, daß manches nicht durch bloßes Überlegen entschieden werden kann, oft muß man auch probieren. Bastelt Euch dann ein Modell, um zu sehen, ob es so geht, wie Ihr es Euch vorgestellt habt. Auf Schönheit kommt es dabei nicht an, nur funktionieren muß es.

Falls Ihr Euch für nur ein Wissensgebiet brennend interessiert, so kann das der Start zu ganz großen eigenen Leistungen auf diesem Gebiet sein. Laßt Euch deshalb nicht davon abbringen, selbst wenn Ihr die anderen Fächer vernachlässigt, was natürlich die Eltern und Lehrer nicht so gut finden. Aber bedenkt auch, daß

Ihr früher oder später selbst merken werdet: so Manches in den vernachlässigten Fächern braucht man eben doch, und Ihr müßt es deshalb eines Tages nachholen.

Falls Ihr Euch für viele Gebiete interessiert, besteht die Gefahr, daß Ihr von Euren vielen neuen Ideen geradezu erschlagen werdet, so dass Ihr nicht zum Ausprobieren und Ausarbeiten kommt. Überlegt Euch, was Ihr wollt: überwiegt die Freude an den vielen Ideen, so ist es auch gut, nur solltet Ihr bedenken, dass kein anderer die Arbeit für Euch erledigen wird. Strebt Ihr richtig brauchbare Ergebnisse an, so konzentriert Euch auf das Ausarbeiten einer Idee, die Euch besonders fesselt.

Interessant ist vor allem, was anscheinend „nicht geht". Sorgt dafür, dass es durch Euren Vorschlag dahin gebracht wird, dass es doch geht. Ausgedrückt wird etwas, was nicht möglich erscheint, durch eine so genannte *Paradoxie*. Wenn etwas beispielsweise schlaff und gespannt zugleich ist, könnte man das „Schlaffe Spannung" nennen. Unmöglich? Nicht für Euch – denkt an das Spinnennetz! Manchmal braucht man auch in der Technik eine Lösung, welche genau die Eigenschaft eines Spinnennetzes hat – schlaff und dennoch gespannt. Schlagt Ihr so etwas *für einen ganz bestimmten Zweck* erstmalig vor und könnt auch noch angeben, aus welchem Material das „TechnikSpinnennetz" gebaut werden müsste, so habt Ihr Eure erste Erfindung gemacht. Denkt aber daran, wenn jemand einmal in fünf Jahren singt, so nennt man ihn deshalb noch lange nicht einen Sänger. Auch außerordentlich begabte Sänger üben – und sie werden dabei immer besser und besser".

Herzlichen Dank für das Interview!

1.6 Typen von Hochbegabten in der wissenschaftlichen Forschung

In der wissenschaftlichen Betrachtung gibt es nicht „den" Hochbegabten, sondern eine Reihe von „Typologien", wie sie Hany in einem Referat anläßlich des Kongresses für Hochbegabtenförderung im Juli 1998 in München vorstellte. Er führte aus, daß – wie schon weiter oben kurz beschrieben – in der Öffentlichkeit ganz unterschiedliche Personengruppen als hochbegabt eingestuft werden.

Diese sollen im folgenden kurz beschrieben werden. Dabei verwendet Hany als Typisierung den jeweiligen Autor, von dem die Forschungsergebnisse stammen, oder der umfangreiche Untersuchungen auf diesem Gebiet durchführte.

Der Terman-Typ:

Dieser Hochbegabtentyp ist benannt nach dem amerikanischen Forscher, der in den zwanziger Jahren in den Vereinigten Staaten 1.400 hochintelligente Kinder aus einer Zahl von 160.000 auswählte und sie über mehrere Jahrzehnte hindurch immer wieder untersuchte. Diese Untersuchung ging als die „Terman-Studie" in die psychologische Forschung ein. Die Probanden Termans waren nicht nur sehr intelligent (knapp 1% der Gesamtgruppe), sie erwiesen sich auch als außerordentlich gesund, leistungswillig, angenehm im Umgang und sozial integriert. Viele von ihnen erreichten hohe Positionen und wurden in seltenen Fällen sogar berühmt. Seit jener Untersuchung wird Intelligenz, gemessen mit wissenschaftlich gesicherten Intelligenztests, als die zentrale Voraussetzung für Hochbegabung und anerkennenswerte berufliche Leistungen gesehen.

Der Winner-Typ:

Diesen Typ nennt Hany nach Ellen Winner, Professorin in Boston, die in ihrem Buch „Gifted Children" 1996 (das auch in deutscher Sprache erschienen ist) eine bestimmte Kategorie von hochbegabten Kindern beschrieb. Kinder ihres Typs haben bereits im Vorschulalter einen deutlichen Entwicklungsvorsprung vor anderen. Neben ihrer Frühreife sind noch ihr Lern- und Leistungswillen sowie ihr Lernverhalten stark ausgeprägt. Häufig befassen sich diese Kinder mit Mathematik, Musik oder der Malerei. Sie sind oft unausgeglichen, schwierig zu erziehen und weisen keine geradlinige Entwicklung auf.

Der Feldman-Typ:

Als nächste Form der Hochbegabung nennt Hany diesen Typ, benannt nach David Feldman, Professor in Minnesota, der in den letzten Jahren solche Kinder, die man Wunderkinder nennen kann, untersucht hat. Sie sind sehr selten, deshalb ist ihre konkrete Beschreibung nicht einfach. Feldman definiert Wunderkinder als „solche Personen, die vor ihrem zehnten Lebensjahr Leistungen auf einem anspruchsvollen Gebiet zeigen, deren Niveau der Leistung eines Erwachsenen entspricht" (zit. nach Hany).

Der Sternberg-Typ:

Während die drei vorangegangenen Typen auf Kinder bezogen sind, beschreibt Sternberg, Professor an der Yale-Universität, in seinen Forschungen einen besonderen Typus von erwachsenen Hochbegabten, der sich durch seine „Erfolgsintelligenz" auszeichnet. Mit diesem Konzept der „Erfolgsintelligenz" verbindet Sternberg drei Phänomene: die kreative Intelligenz, die analytische Intelligenz sowie die praktische Intelligenz. Damit können Menschen, die über Erfolgsintelligenz verfügen, Probleme aufspüren, sie richtig lösen und im eigenen Leben erfolgreich anwenden. Sternberg vergißt allerdings, den Begriff „Erfolg" zu definieren, weshalb sein Typ wenig zur Klärung des wissenschaftlichen Begabungsbegriffes beiträgt.

Der Ericsson-Typ:

Hierbei geht es wiederum um eine Kategorie von Hochbegabung, die sich auf Erwachsene bezieht. Hany nennt ihn nach Ericsson, Professor in Florida, der sich eingehend mit solchen Menschen befaßte, die seit ihrer Kindheit hart arbeiteten und gut durch die Schulen kamen. Er untersuchte eine Reihe von prominenten Sportlern, Künstlern und Schauspielern und kam zu dem Schluß, daß bei diesen Personen nicht die Intelligenz, sondern ausdauerndes Lernen und Üben der Schlüssel zum Erfolg waren. Zu diesem Typus zählen z. B. der fleißige Arbeiter, der anerkannte Profi.

Der Galton-Typ:

Den letzten Typus benennt Hany nach Sir Francis Galton, der einer der ersten war, der sich mit den psychischen Eigenschaften historischer Größen, wie Komponisten, Wissenschaftler, Schriftsteller, und den psychologischen Voraussetzungen für ihre Berühmtheit beschäftigte. Galton kam zu dem Schluß, „...daß man große Leistungen nur dann zustande bringen könne, wenn man über extrem ausgeprägte geistige Fähigkeiten verfüge" (Galton 1969 zit. nach Hany). Galton betrachtete die Intelligenz in ihrer extremen Ausbildung nicht nur als notwendige Voraussetzung für außergewöhnliche Leistungen, sondern schon als hinreichende Garantie.

Ich möchte diesen Typen noch einen hinzufügen, den

Hollingworth-Typ:

In einer Studie in den zwanziger Jahren untersuchte Lea Hollingworth eine Reihe von Studenten, die ein spezielles Förderprogramm absolvierten. 80 dieser hochbegabten Probanden wurden über 60 Jahre lang untersucht. Es stellte sich heraus, daß viele von ihnen zu hohen Ehren kamen, z. B. im „Who is Who" eingetragen wurden oder renommierte Preise erhielten.

In seinem Hauptvortrag anläßlich des Kongresses „Begabungen erkennen – Begabte fördern" vom 12. bis 14. Oktober 2000 in Salzburg nannte F. E. Weinert noch die folgenden weiteren Typen:

Der geniale Dilettant

oder das ewige Talent. Er beschreibt ihn so: „Wir beobachten ihn sowohl im literarischen als auch im naturwissenschaftlichen Bereich. Seine Begabung blitzt an vielen Stellen durch originelle Einfälle, interessante Vorschläge und intelligente Diskussionsbeiträge auf.

In der Schule gelten solche Kinder als talentiert, gelegentlich auch als hochbegabt, – die Leistungen sind allerdings oft uneinheitlich und schwankend. Sie können und wollen später viele unterschiedliche Berufe ergreifen und wechseln nicht selten die Studienrichtung. Am Ende verfügen sie über eine breite, oft sehr facettenreiche Halbbildung und interessieren sich für vieles und vielerlei. Was ihnen fehlt, ist die Konzentration auf bestimmte, umschriebene Inhaltsbereiche und Kompetenzschwerpunkte; die Tiefe und Höhe des Verstehens bei schwierigen, anspruchsvollen Themen, die kontinuierliche Anstrengung und Ausdauer des Lernens. Bei Anlegung strenger Leistungskriterien wissen und können sie zwar Vieles, aber nichts gut genug".

Der begabte Versager

Diesen Typus, der auch unter dem Begriff „underachiever" bekannt ist, findet man in der psychologischen und pädagogischen Literatur sehr häufig. Er steht im Mittelpunkt therapeutischer Aufmerksamkeit.

Der intelligente Experte

ist nach Weinert jemand, der sich durch Begabung, Motivation und die Erfahrung eigener Leistung und die damit verbundene Anerkennung durch andere oder durch sich selbst zu einem Fachmann, einem Experten entickelt.

Der hochgebildete Intellektuelle

ist nach Weinert oft universell begabt, verfügt über ein domänübergreifendes Lernpotenzial, zeigt ein breites Interessenspektrum und gewinnt bei entsprechender Anregung eine umfassende tiefgründige Bildung.

Weinert kommt in seinen Überlegungen zu dem allgemeinen Schluß, „...wir finden im kulturellen, aber auch im wissenschaftlichen, ökonomischen und politischen Bereich viele berufliche Positionen, die diesen Typus hochbegabter und hochgebildeter Menschen erfordern. Wenn man die individuellen Pfade von hoher Begabung zu exzellenten Lebens und Berufsleistungen verfolgt, so ist man von der Variabilität der Entwicklungsmuster überrascht. Wissenschaftlich gesehen wissen wir noch viel zu wenig über notwendige und hinreichende Bedingungen für herausragende Leistungsentwicklungen, aber auch Möglichkeiten der Substitution, Kompensation und Ausbalancierung fehlender und vorhandener Kompetenzen".

Alle diese aufgeführten verschiedenen Typen beschreiben Aspekte der Hochbegabung bei Kindern und Erwachsenen. Ebenso vielfältig wie diese Typisierungen sind auch die Theorien zur Hochbegabung. Darüber gibt es zahlreiche Forschungsberichte, die dem interessierten Leser zugänglich sind. Einen umfassenden Überblick erhält man bei Heller, K. et al. (Hrsg.): „International Handbook of research and development of giftedness and talent" 1993. Dazu mehr im nächsten Abschnitt.

Abschließend möchte ich noch auf einige Beispiele von Vereinen, in denen sich Hochbegabte zusammenfinden, eingehen.

1.7 Hochbegabte „unter sich" – IQ-Vereine

Es gibt eine Reihe von Zusammenschlüssen weltweit von Leistungsexzellenten bzw. von Menschen mit einer sehr hohen Testintelligenz (IQ) mit unterschiedlichen Zielsetzungen und unterschiedlich strengen Aufnahmebedingungen. Meistens handelt es sich dabei um „gesellige" Vereinigungen, die untereinander Kontakte pflegen möchten und gleichbefähigte Gesprächspartner suchen. Es gibt aber auch solche, deren Mitglieder sich zu wissenschaftlicher Arbeit verpflichten.

Aufnahmekriterium in so eine Vereinigung ist meistens ein sehr gutes Abschneiden in einem oder mehreren überwachten Intelligenztests bei einem Psychologen. Dabei kann es sich beispielsweise um die oberen 5% (IQ höher als bei 95% der Bevölkerung), oder um die oberen 2% (wie z. B. bei HighQ e. V., dem Verein für intelligente Menschen, oder Mensa International) oder ganz streng um die oberen 1% (IQ höher als bei 99% bzw. 99,9% der Bevölkerung) handeln. Die Ziele dieser Vereine sind einander ziemlich ähnlich; in den Aktivitäten gibt es einige Unterschiede. Während die meisten gesellig orientierte Vereine mit gemeinsamen Unternehmungen wie Stammtischrunden, Kinobesuche, Hobbygruppen usw. sind, beschäftigen sich andere etwa mit Wissenschaft, Ethik oder Kunst.

So gibt es beispielsweise die Hochbegabtenvereinigung „GLIA Society", die 1997 gegründet wurde und sich als einen weltweiten Ring der Wahrheit betrachtet.

Die „Poetic Genius Society" erfordert als Eintritts-IQ einen Wert im Bereich von 99,5%. Die Mitglieder weltweit befassen sich mit Poesie, Sprachspielen und Dichtkunst.

Der Verein „I.S.P.E." (International Society fpr Philosophical Enquiry) verlangt als Aufnahmekriterium einen IQ höher als bei 99,9% der Bevölkerung und fordert von seinen Mitgliedern, daß sie wissenschaftliche Leistungen erbringen. „Quaere verum" heißt das Motto, der Verein beschreibt sich selbst: „A global scientific and philosophical society founded in 1974, dedicated to advanced enquiry, original research and original contributions. Members harness their abilities to enhance the growth and development of enlightened culture and progressive civilization". Die Mitglieder dieses Verein sind meist hochrangige, bedeutende Wissenschaftler und Forscher, Leute die mit „summa cum laude" promovierten, oder erfolgreiche Unternehmer. Das Journal nennt sich TELICOM (ISSN: 1087-6456) und ist die Plattform u. a. für die Veröffentlichung wissenschaftlicher Arbeiten der Mitglieder.

Eine andere Vereinigung unter Hochbegabten ist die „International Christian SIG". Sie wirbt mit folgendem Hinweis „a mutually supportive global fellowship exploring the application of intelligence within and from the Christian community. For specialists and nonspecialists."

Besonders in den USA gibt es viele solcher „IQ-Vereine" mit verschiedenen weiteren Zielsetzungen. Die meisten Mitglieder sind stolz auf ihre Zugehörigkeit zu so einem Verein, was in den USA kein Stigma ist.

Ein Beispiel für einen weltweiten IQ-Verein, der Personen – unabhängig von Herkunft, Alter, Geschlecht – mit einem gemessenen Test-IQ höher als bei 99% der Bevölkerung offensteht, ist der Verein INTERTEL.

INTERTEL wurde 1966 von Ralph Haines in Indiana, USA, gegründet und hat heute an die 1500 Mitglieder in etwa 30 Ländern weltweit. Der Verein mit Sitz in Tulsa, Oklahoma, USA, hat drei Hauptziele:

1. weltweite Freundschaften auf intellektueller Basis zu finden und zu unterstützen,
2. Ideenaustausch auf verschiedenen Gebieten zu fördern und
3. Forschungen zur Hochbegabung zu unterstützen.

Die Mitglieder von INTERTEL nennen sich „Ilian". Der Verein ist organisatorisch in acht Regionen aufgeteilt, jede Region wird von einem Regionaldirektor geleitet. Gemeinsam mit dem/der Präsidenten/in bilden sie das „Executive Board of Directors". Zehnmal im Jahr erscheint die Mitgliederzeitschrift „INTEGRA"; jedes Mitglied kann darin seine Beiträge und Ideen veröffentlichen. Die Themenbreite geht von Alltagsthemen mit tieferem Hintergrund, Reiseberichten, Diskussion philosophischer Fragen, psychologischen Themen (z. B. Kognitive Dissonanz), politischen Kommentaren und Religionsfragen bis hin zu Sprachspielen, Rätseln, ungewöhnlichen Ereignissen oder Lyrik – entsprechend der Vielfalt der Berufe, Interessen oder Fähigkeiten der Mitlieder.

Informationen zum Verein Intertel: Louried@aol.com oder Intertel@aol.com

Zum Abschluß bringe ich eine humorvolle Beschreibung der „praktischen Begabung eines Hochbegabten" aus der Zeitschrift INTEGRA.

Sam Zimmerman, selbst Mitglied in INTERTEL, stellt 10 Punkte auf, die nach seiner Meinung und Erfahrung typisch für einen Ilian sind:

YOU MIGHT BE AN ILIAN IF:

1. You ever put three peas back into the refrigerator not to waste food.
2. Your idea of Heaven is the reference alcove at the library.
3. You can hum Beethoven's third symphony.
4. Your coworkers do not understand why you keep a spare of everything in your desk drawer.
5. You ever took your electric train engine apart to see how it worked.
6. You ever played solo Bridge for practice.
7. You ever sent a letter to a newspaper correcting their English.
8. You didn't go to the prom because you were too shy.
9. You keep technical manuals to read in the bathroom.
10. You still own a polyester leisure suit.

(Übersetzung:

Du könntest ein Ilian sein, wenn

1. Du jemals drei Erbsen in den Kühlschrank zurücklegst, um keine Nahrung zu verschwenden.
2. Deine Vorstellung von Himmel die Referenz-Nische in der Bibliothek ist.
3. Du Beethovens dritte Symphonie summen kannst.
4. Deine Arbeitskollegen nicht verstehen können, warum Du von jedem Ding ein zweites Exemplar in Deiner Schublade aufbewahrst.
5. Du jemals Deine elektrische Eisenbahn zerlegt hast, um zu sehen, wie sie funktioniert.
6. Du jemals allein zur Übung Solo-Bridge gespielt hast.
7. Du jemals einen Brief an eine Zeitung geschrieben hast, in welchem Du deren Englisch korrigiertest.
8. Du aus Schüchternheit nicht zu einem Gruppensex-Treffen gegangen bist.
9. Du technische Handbücher zum Lesen im Badezimmer aufbewahrst.
10. Du immer noch einen Freizeitanzug aus Polyester besitzt.)

2 Hochbegabung – Fakten und Theorien

2.1 Definitionen

> *Begabung gehört zu den sogenannten hypothetischen Konstruktbegriffen, deren Definition von der jeweiligen theoretischen Bezugsbasis beeinflußt wird. Dies gilt auch für verwandte Begriffe wie Intelligenz oder Kreativität.*
>
> *Heller*

Bisher wurde der Begriff „Hochbegabung" noch nicht definiert. Die Definitionen, die es zum Begriff „Hochbegabung" gibt, sind so zahlreich und unterschiedlich, daß sie am besten durch eine Kategorisierung erfaßt werden können (nach Holling):

1. Ex-post-facto-Definitionen:

Jemand wird als hochbegabt bezeichnet, wenn er etwas Hervorragendes geleistet hat. Mit einer solchen Definition werden vorwiegend Erwachsene und Jugendliche erfaßt.

2. IQ-Definitionen:

Diesen Definitionen wird ein bestimmter IQ-Wert zugrunde gelegt; meistens beträgt er 130. Wer oberhalb dieses Wertes liegt, gilt als hochbegabt.

3. Talentdefinitionen:

Als hochbegabt werden hier solche Personen bezeichnet, die in einem künstlerischen oder akademischen Bereich besondere Leistungen erbringen.

4. Prozentsatz-Definitionen:

Hier wird ein bestimmter Prozentsatz der Bevölkerung als hochbegabt definiert, etwa 10 – 20% der Schüler. Als Kriterien dafür können z. B. Schulnoten, Leistungstests oder auch IQ-Werte dienen.

5. Kreativitäts-Definitionen:

Diese Definitionsklasse betont originelle und produktive Leistungen als Kennzeichen für eine Hochbegabung und lehnt eine reine Definition nach dem IQ ab.

Weinert weist in seiner Kongreßrede in Salzburg 2000 darauf hin, daß der Begriff Hochbegabung inhomogen ist und einer individuellen Spezifikation bedarf. Er sagt dazu: „Was ist der kognitive Kern dessen, was wir Hochbegabung nennen? Die meisten Wissenschaftler und die Mehrzahl der Laien verstehen darunter explizit oder implizit eine weit überdurchschnittliche Ausprägung des Generalfaktors der Intelligenz, also der gebündelten Fähigkeit, neue Informationen schnell und gut zu verarbeiten, Schlußfolgerungen logisch richtig und psychologisch originell zu ziehen und schwierige Probleme sowohl konvergent als auch divergent erfolgreich zu lösen."

Eine allgemein gültige Definition von Hochbegabung ist somit nicht realisierbar, da es zu viele unterschiedliche Sichtweisen der Begriffe „Hochbegabung", „Intelligenz" und „Talent" gibt. Es würde den Rahmen dieses Buches sprengen, auf die verschiedenen und neueren Modellvorstellungen (z. B. Renzulli, Mönks, Heller, Hany, Sternberg) einzugehen. Heller sagt beispielsweise zum Begabungsbegriff: „In einem relativ weiten Begriffsverständnis läßt sich Begabung als das Insgesamt personaler (kognitiver, motivationaler) Lern- und Leistungsvoraussetzungen definieren, wobei die Begabungsentwicklung als Interaktion (person)interner Anlagefaktoren und externer Sozialisationsfaktoren zu verstehen ist.". Die Abbildung veranschaulicht dies.

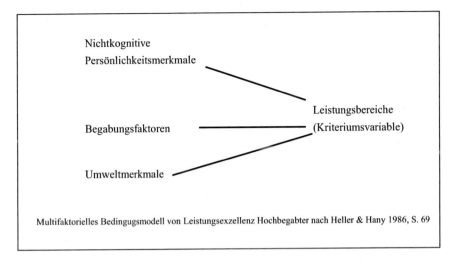

Multifaktorielles Bedingugsmodell von Leistungsexzellenz Hochbegabter nach Heller & Hany 1986, S. 69

In seinem „mehrdimensionalen Begabungskonzept" vereint Urban sechs Begabungsdimensionen (Kreativität; soziale Begabung; praktische, instrumentelle Begabung; abstrakt-intellektuelle Begabung; künstlerische Begabung; Anstrengungs- und Leistungsbereitschaft) und stellt sie in einen interagierenden Zusammenhang, der von Umwelt und Gesellschaft beeinflußt wird.

Arntzen weist zur Frage des Verhältnisses von Motivation, Leistung und Begabung auf folgendes hin: „Bei Leistungen ist die Motivation offenkundig auswechselbar, nicht aber sind die Begabungen austauschbar. Es gilt, daß das Vorhandensein von Begabungen zwar noch keine Leistungen garantiert, aber für Leistungen unerläßlich ist. Motivation kann die optimale Auswirkung von Begabungen sicher fördern und behindern, kann aber nicht Begabungen ersetzen".

Aus der Vielfalt von Ansätzen ist damit nur ein kleiner Bereich von Definitionen dargestellt. Der wesentliche Punkt, in welchem sich die einzelnen Theorien voneinander unterscheiden können, ist das Schwergewicht, daß auf den Anteil des Faktors „Intelligenz" gelegt wird.

> *In der Psychologie wird seit jeher eine besonders enge konzeptionelle Nähe von „Intelligenz" und kognitiver Begabung betont. Eysenck drückt dies wie folgt aus:*
>
> *„Was immer auch hochbegabte Kinder charakterisieren mag: Es besteht kein Zweifel daran, daß das Merkmal, das sie am meisten verbindet, die hohe Intelligenz ist, und zwar so sehr, daß es schwer fällt, sich ein hochbegabtes Kind, das nicht hochintelligent ist, vorzustellen".*

Während für die einen Hochbegabung gleichzusetzen ist mit hoher Intelligenz (Potenzial), ist für die anderen Hochbegabung als Leistung (Performanz) zu verstehen, die durch das Zusammenwirken vieler persönlicher Fak toren (Ausdauer, Motivation, Interessen, usw.) sowie Umweltvariablen (Ressourcenverfügbarkeit, Einflüsse von Eltern und Lehrern, usw.) entsteht. Nach Heller wird „Potenzial" als exzellente intellektuelle Kompetenz, und „Performanz" als realisierte Leistung verstanden. Wir müssen also bei der Frage nach der Hochbegabung zwischen Potenzial und Performanz als realisierter Leistung unterscheiden, um den Begriff richtig einzuordnen.

Zu diesen Sichtweisen kommen noch populäre Konzepte und weitere spekulative Definitionen von Hochbegabung, die nicht gerade zur Klärung des Begriffs beitragen, wie z. B. das Konzept der multiplen Intelligenzen von H. Gardner.

Zur Abrundung der Ausführungen sei hier noch die „Definition" einer Politikerin angefügt. In ihrem Eingangsstatement zu einer Podiumsdiskussion „Fordern und Fördern" am 10. Januar 2001 im Industrieclub Düsseldorf führt Gabriele Behler, Ministerin für Schule, Wissenschaft und Forschung zum Begriff der „Begabung oder Hochbegabung" folgendes aus:

„In der öffentlichen Diskussion zu diesem Thema steckt nach meiner Beobachtung zu viel Hysterie. Da wird dann Hochbegabung generell als Problem dargestellt. Studien zeigen uns aber, daß die große Mehrheit der 'Betroffenen' überhaupt keine Schwierigkeiten durch ihren hohen Intelligenzquotienten haben. Der IQ gilt übrigens als der einzig messbare Parameter und ist doch nur eines von mehreren Kriterien für Hochbegabung. Das entspricht der allgemeinen Lebenserfahrung. Und um Intelligenz überhaupt wirksam werden zu lassen, bedarf es ebenso kreativer Fertigkeiten, sozialer Kompetenz und der Fähigkeit, sich selbst zu motivieren und auch andere motivieren zu können...". (Quelle: ABB e. V. – Information Nr. 35 / Juni 2001, S. 15).

Eine weitere Notwendigkeit der Begriffsdefinition „Hochbegabung" besteht für das Erkennen von hochbegabten Schülern. Die Schulpsychologin Malsch beschreibt in ihrem Bericht „Die Not hochbegabter Schüler als Denkanstoß", erschienen in Report Psychologie 3/2001, S. 164-170, das Dilemma von Lehrern und Eltern hochbegabter Schüler. Hier wäre für die Hand des Lehrers eine eindeutige Definition des Begriffs Hochbegabung hilfreich.

Die Lehrerbeurteilungen in der Hochbegabtendiagnostik sind um stritten. Eine Verbesserung des Lehrerurteils wird durch Check listen angestrebt, mit welchen Lehrer einzelne Aspekte des Leistungsverhaltens der Schüler beobachten und bewerten kann.

Heller

Die Frage der Identifikation von Hochbegabten (Hochbegabtendiagnostik) kann in diesem Buches nicht behandelt werden, weil sie den Rahmen sprengen würde. Interessierte seien auf die einschlägige Literatur hingewiesen, z. B.: Heller, K. A. (Hrsg.): Hochbegabung im Kindes- und Jugendalter, 2. Auflage Hogrefe 2001.

2.2 Denken und Problemlösen Hochbegabter

Über einen Aspekt, die (emotionale) Übersensibilität, die sehr oft mit Hochbegabung einhergeht, wurde schon gesprochen. Wie sieht es mit der geistigen, der kognitiven Ausstattung Hochbegabter aus? Welche Besonderheiten liegen hier vor?

Nach Erkenntnissen aus der Entwicklungspsychologie verbessern sich Denken und Problemlösen, wenn sich eine Reihe von Komponenten wandeln. Dazu gehören die bessere Nutzung des Arbeitsspeichers (-gedächtnisses), eine vorteilhafte, abstrakter werdende Repräsentation und verbesserte Strategien. Alle diese liegen bei intellektueller Hochbegabung vor.

Wie sehen Denken und Problemlösen bei Hochbegabten konkret gesehen aus? Worin liegen eventuelle Unterschiede zum Denken und Problemlösen Normalbegabter?

Die wohl umfassendste und gründlichste Langzeitstudie über intelligente Menschen ist die von Terman. Sie stimmt mit den Ergebnissen vieler nachfolgender Studien über Hochbegabung überein. Was hochintelligente Menschen nach den Beobachtungen von Terman besonders auszeichnet, sind

- ihr schnelles Auffassen und Verstehen,
- ihr gutes Gedächtnis,
- ihr großer Informationsreichtum und
- ihre hohe geistige Anpassungsfähigkeit.

Allgemeine Intelligenz, nach Spearman der „G"-Faktor, umfaßt die Fähigkeit, sich schnell und effektiv deklaratives und prozedurales Wissen anzueignen, es in variierenden Situationen adäquat anzuwenden, aus den dabei gemachten Erfahrungen zu lernen und zu erkennen, auf welche anderen Situationen die so gewonnenen Erkenntnisse transferierbar sind und auf welche nicht.

Nach Denkpsychologen zeichnet sich erfolgreiches Denken aus durch

- Organisieren verschiedener Teilfunktionen und Teilprozesse der Erkenntnistätigkeit zur Lösung schwieriger Probleme
- Planen zweckmäßiger Lösungsschritte und Auswählen der geeigneten Strategien
- Nutzen des reichhaltigen flexibel einsetzbaren Wissens
- effiziente Formen der Informationsverarbeitung (Schnelligkeit, mit der kognitive Prozesse ablaufen, die Menge an Informationen, die gleichzeitig bearbeitet werden kann, die Leichtigkeit des Wissensabrufs aus dem Langzeitgedächtnis, der notwendige Aufwand bei der Bildung neuer Assoziationen).

Unabhängig vom Lebensalter, so stellten Wissenschaftler wie u. a. Newland, Sternberg, fest, sind Hochbegabte bezogen auf die Gruppe Gleichaltriger besonders leistungsstark in folgenden kognitiven Fähigkeiten:

- In der Schnelligkeit, mit der Symbole und deren Abstraktheitsgrad erworben werden,
- in der Fähigkeit, komplexe Beziehungen zwischen Symbolen zu erfassen,
- in der Effizienz der verschiedenen Gedächtnisfunktionen,
- in der Kompetenz und Bereitschaft, neuartige Informationen wirksam zu verarbeiten.

Snyderman und Rothman (zitiert nach Gage und Berlina) holten Expertenmeinungen dazu ein, was wohl die wesentlichen Elemente der Intelligenz seien. Die Antworten verteilten sich wie folgt (in Prozent):

abstraktes oder logisches Denken	99,3
Problemlösungsfähigkeit	97,7
Fähigkeit, sich Wissen anzueignen	96,0
Gedächtnis	80,5

Anpassungsfähigkeit	77,2
mentale Flexibilität und Schnelligkeit	71,7
sprachliche Kompetenz	71,0
mathematische Kompetenz	67,9
Allgemeinwissen	62,4
Kreativität	59,6

„Klares und effektives Denken Hochbegabter zeigt sich besonders darin, wie jemand mit Informationen umgeht, mit welcher Flexibilität und Geschwindigkeit er seine intellektuellen Kräfte für verschiedene Probleme einsetzen kann", schreibt J. Freeman (1993). Der effektive Gebrauch der intellektuellen Fähigkeiten zeigt sich am besten in neuartigen Situationen. Freeman fand in ihren Studien an hochbegabten Kindern, daß sie einen sehr hohen Grad an Bewußtsein für ihr eigenes Handeln (Metakognition) zeigten: sie konnten sich in verschiedenen Kontexten angemessen behaupten.

2.3 Metakognition

Der Begriff „Metakognition" bezeichnet das Wissen und Bewußtsein über uns selbst und die eigenen kognitiven Vorgänge, was uns in die Lage versetzt, das eigene Denken zu beobachten, zu steuern und zu bewerten.

Die Methodik zur Erfassung von Metakognitionen verfolgt im wesentlichen zwei Ansätze:

- Probanden werden gebeten, ihre Gedankengänge während der Aufgabenbearbeitung oder unmittelbar danach selbst zu verbalisieren,

- oder es wird versucht, die kognitiven Abläufe aus dem beobachteten Verhalten abzuleiten oder zu erschließen.

Weinert und Waldmann stellen fest, daß herausragende intellektuelle Leistungen nicht nur eine gute Denkfähigkeit, sondern auch ein reichhaltiges Wissen erfordern. Ich zitiere: „Mit der für Hochbegabte angeblich charakteristischen Fähigkeit zur Vereinfachung und Originalität behauptete einst Goethe, daß Genie

Fleiß sei und verwirrt heute noch viele seiner Bewunderer, die eher vom Gegenteil überzeugt sind. Natürlich kann Goethe nicht gemeint haben, daß jeder Fleißige irgendwann geniale Leistungen erzielt; doch weist er mit seiner Sentenz in fast provozierender Form darauf hin, daß der Erwerb eines reichhaltigen Wissens- und Fertigkeitsrepertoires auch bei sehr guten allgemeinen Denkfähigkeiten die notwendige Voraussetzung für die Lösung anspruchsvoller Probleme ist".

Neben den von Normalbegabten verschiedenen Denkprozessen Hochbegabter zeichnen sich auch deren Lernprozesse durch die Fähigkeit Hochbegabter zur häufigeren und effektiveren Regulierung ihrer Lernstrategien aus. Sie können ihre Lernfähigkeit auch besser auf neue Aufgaben übertragen. Risemberg schlägt deshalb vor, daß das Messen von selbständig reguliertem Lernen der beste Indikator für das Vorliegen einer Hochbegabung sein könnte.

2.4 Lernen bei Hochbegabten

> *Lernen ist der entscheidende Mechanismus bei der Transformation hoher Begabung in exzellente Leistung.*
>
> *Weinert*

Neben den klassischen Lerntheorien des rezeptiven, assoziativen und mechanischen Lernens tritt in neuerer Zeit eine Gruppe von Lerntheorien in den Vordergrund, die unter stark pädagogisch-psychologischen Perspektiven entwickelt wurden. Ihre Entstehung wurde durch entwicklungspsychologische Befunde aus der Kleinkindforschung, durch das kognitivistische Modell, durch die Ergebnisse kulturvergleichender Studien, durch ökopsychologische Untersuchungen über das naturwüchsige außerschulische Lernen und durch viele reformpädagogische Ideen stark beeinflußt.

Weinert zitiert aus der einschlägigen Literatur mindestens acht Merkmale (vier konstitutive, zwei fakultative, zwei antizipative) als Attribute eines produktiven, transferförderlichen und kompetenzgenerierenden Lernens. Das Lernen soll folgende Eigenschaften aufweisen, es soll

aktiv

konstruktiv

zielgerichtet

kumulativ

systematisch

situiert

selbstreguliert

kooperativ sein.

Weinert faßt zusammen: „Lernen, verstanden als ein aktives, konstruktives, zielgerichtetes, kumulatives, sowohl systematisches wie situiertes, zugleich selbständiges und kooperatives Geschehen ist inzwischen ein theoretisch gehaltvolles und empirisch bewährtes Konzept geworden".

In seinem Hauptvortrag anlässlich des Kongresses „Begabungen erkennen – Begabte fördern" in Salzburg fragt Weinert: „Wenn alles und jedes von allen und jedem gelernt werden muß, was bedeutet dann eigentlich Hochbegabung?"

Es existiert keine separate Lerntheorie für Hochbegabte, trotzdem unterscheidet sich das Lernen Hochbegabter nach Weinert in mindestens fünffacher Hinsicht:

1. Hochbegabte lernen in der Regel **schneller:**

Das bedeutet, daß die Verarbeitung neuer Informationen mit größerer Geschwindigkeit erfolgt.

2. Hochbegabte lernen in der Regel **besser:**

Weinert führt dazu aus, daß neben der größeren Schnelligkeit vor allem die Tiefe und Höhe des Verständnisses für neu erworbene Begriffe, Regeln, Gesetzmäßigkeiten und Prinzipien das Lernen Hochbegabter auszeichnet. Besonders charakteristisch sind Fähigkeiten zum multiplen Kodieren der Information, das perfekt funktionierende Selegieren, Vergleichen und Kombinieren sowohl neuer als auch gespeicherter Informationen, ebenso wie der souveräne Umgang mit Komplexität. Die Denkvorgänge Hochbegabter sind abstrakter, spontane Schlußfolgerungen treten häufiger auf als bei Normalbegabten.

3. Hochbegabte lernen in der Regel **intelligenter:**

Damit meint Weinert, daß die durch Lernen erworbenen Systeme von deklarativem und prozeduralem Wissen in der Regel intelligent organisiert sind. Das Wissen innerhalb und zwischen verschiedenen Domänen wirkt vernetzt, ist bei Bedarf leicht zugänglich und in sehr verschiedenen Situationen flexibel nutzbar.

4. Hochbegabte lernen in der Regel **planvoller:**

Die Lösung schwieriger Prozesse erfordert eine effektive Organisation verschiedener Subprozesse und Teilfunktionen der Erkenntnistätigkeit. Das dafür notwendige Planungs- und Strategiewissen sowie die erforderlichen Überwachungs- und Exekutivfertigkeiten – sie werden als metakognitive Kompetenzen bezeichnet – haben bei Hochbegabten eine besondere Bedeutung für das Niveau ihres Denkens, des Problemlösens und des Handelns.

5. Hochbegabte lernen nicht selten **kreativer:**

Zwar müssen Kreativität und hohe Intelligenz nicht zusammenfallen, aber bei Hochbegabten, bei denen dies der Fall ist, fällt auf, daß bei der Lösung von Problemen, beim Lernen und bei der Nutzung des Gelernten originelle, sowohl wirksame als auch wertvolle Wege der Rezeption und Produktion neuer Informationen auftreten.

Relativ früh faßte der amerikanische Psychologe Ward (1961) über das Lernen hochbegabter Kinder zusammen:

„Intelligent children learn more, continue to learn longer, extract more meaning from what they sense, apply and associate more accurately, are interested in ultimates, and learning is a more essential part of their life's need". (Übers. d. A.: Intelligente Kinder lernen mehr, lernen länger, ziehen mehr Bedeutung aus dem was sie erleben, wenden genauer an, sind zutiefst interessiert und das Lernen bildet einen sehr wesentlichen Teil ihrer Lebensbedürfnisse").

3 Exkurs: Mathematische Hochbegabung

3.1 Was ist mathematische Hochbegabung?

Eine besondere Form der Hochbegabung ist die mathematische Hochbegabung. Sie kann als Einzelbegabung auftreten, meistens aber geht sie mit einer allgemeinen intellektuellen Hochbegabung einher. Umfassende Studien dazu wurden vor allem an der John Hopkins University in Baltimore unter Prof. J. C. Stanley und C. B. Benbow durchgeführt.

Das Standardwerk zur mathematischen Hochbegabung stammt vom sowjetischen Mathematiker und Psychologen V. A. Krutetskii. Er führte zwischen den Jahren 1955 bis 1966 ein umfangreiches Forschungsprogramm mit mathematisch Hochbegabten durch, mit dem Ziel, Natur und Struktur mathematischer Fähigkeiten bei Schulkindern zu erforschen. Er bat die Schüler im Experiment, laut zu denken. Eine Methode, die auch Mittring in seiner Arbeit „Was geht in uns vor, wenn wir rechnen?", Untersuchung der inneren Vorgänge beim Rechnen, einsetzte.

Krutetskii fand in seinen Untersuchungen an mathematisch Hochbegabten heraus, daß sie sich in einigen Fähigkeiten sehr stark von mathematisch Normalbegabten unterscheiden. Mathematisch Hochbegabte

- verfügen über eine sehr hohe analytische Fähigkeit, sie weisen einen überdurchschnittlich hohen IQ auf,
- erfassen und verstehen die Formalstruktur eines Problems sofort und ohne Mühe,
- denken logisch und präzise und können gut mit Symbolen umgehen,
- können sehr schnell generalisieren,
- lernen mathematisch-technische Strukturen und Prozesse in effizienter Weise,
- verfügen über ein äußerst flexibles und kreatives Problemlöseverhalten
- und über ein sehr gutes Gedächtnis für mathematische und naturwissenschaftliche Formeln und Abläufe.

Krutetskii faßte seine Ergebnisse wie folgt zusammen:

- Mathematisch Hochbegabte haben eine besondere Fähigkeit zur Wahrnehmung formalisierten mathematischen Materials und zum Erfassen der formalen Struktur eines Problems.

- Bei der Verarbeitung mathematischer Informationen weisen mathematisch Hochbegabte ein hohes logisches Denkvermögen im Bereich von quantitativen und räumlichen Beziehungen auf; sie können schnell Vereinfachungen finden und sind sehr flexibel im Hinblick auf Lösungswege, mathematische Schlußfolgerungen und Ökonomie.

- Mathematisch Hochbegabte können viele mathematische Informationen über beliebig lange Zeiträume behalten; ihr Arbeitsgedächtnis ist gut organisiert; sie verfügen über einen großen Fundus zur Verfügung stehenden und jederzeit abrufbaren mathematischen Wissens.

Erwiesen ist, daß mathematische Hochbegabung schon früh in der Kindheit auftritt und sich in der Schule in besonderer Weise zeigt. Gustin, der eine Reihe von Mathematikern psychologisch untersuchte, fand heraus, daß

- sie sich schon in der Schule mehr für Mathematik als für andere Fächer interessierten,
- sie schon früh eigene Formeln entwickelten,
- sie sich eher für Physik als für Biologie interessierten,
- sie Texte sehr schnell lesen konnten,
- sie lieber allein arbeiteten (nicht in Gruppen),
- sie durch Neugier lernten („...nichts, was in der Schule gelehrt wurde, war so interessant wie das, was man selber lernt...").

Diese Mathematiker meinten übereinstimmend,

- Mathematik sei ästhetisch,
- die Schönheit der Mathematik sei zu respektieren,

- sie empfänden eine innere Freude, wenn sie sich mit der Mathematik beschäftigten.

Eine Studie von R. Helson über Mathematikerinnen erbrachte durch verschiedene psychologische Tests folgende Merkmale:

Neben einer überragenden Intelligenz und starker Leistungsmotivation zeigten die Mathematikerinnen Aufgeschlossenheit gegenüber Neuem und Unvorhergesehenem. Sie selbst beschrieben sich als innovativ und genial und weniger interessiert an Geld, Karriere oder Routineaufgaben.

Mathematische Hochbegabung zeigt sich schon im frühen Kindesalter, wie aus der Literatur bekannt ist und wie es der Fall Mittring zeigt. Ab wann jedoch mathematische Begabungen zur vollen Reife gelangen, ist dagegen schwieriger zu sagen, weil entsprechende Unterrichtsstoffe, an denen sie sich manifestieren können, in frühen Schuljahren noch nicht geboten werden.

Auch diagnostische Methoden zur Früherkennung einer mathematischen Hochbegabung fehlen zur Zeit noch.

Wie einsam sich mathematisch hochbegabte Kinder fühlen können, weil ihnen Gesprächspartner fehlen, zeigen folgende Berichte:

Bertrand Russell, brillianter Mathematiker und Philosoph, Autor der Principia Mathematica, berichtet in seiner Autobiographie über sich:

„... Während meiner gesamten Kindheit fühlte ich mich zunehmend einsam und ich war verzweifelt, weil ich niemanden hatte, mit dem ich sprechen konnte. Die Natur und Bücher und später die Mathematik retteten mich vor kompletter Vereinsamung. Im Alter von elf Jahren las ich Euklid mit meinem Bruder als Lehrer... Nachdem ich die 5. Proposition gelesen hatte, meinte mein Bruder, daß diese wohl zu schwierig für mich wäre. Ich teilte seine Meinung nicht. Zu dem Zeitpunkt ahnte ich, daß ich wohl intelligent wäre. Seither galt der Mathematik mein Hauptinteresse...".

Eine ähnliche Isolation trat bei Gert Mittring schon in sehr früher Kindheit auf. Die Zahlen nannte er seine „besten Freunde", weil ihn von den Menschen aus seiner unmittelbaren Umgebung keiner anerkannte und seine Gedanken für andere nicht immer nachvollziehbar waren. Ein Kind – wie im Fall Mittring – das mit drei Jahren schon eine Vorstellung von Mengen, Relationen und Zahlenwerten hat, mit vier Jahren im Tausenderraum numerische Operationen durchführen kann, ohne daß sie ihm beigebracht worden wären, mit sechs Jahren das Bruchrechnen für sich „erfand", mit acht Jahren Wurzelziehen konnte und mit zwölf Jahren eine Formel für den ewigen Kalender entwickelte, – so ein Kind muß sich in seiner Umgebung einsam und allgemein unverstanden fühlen.

3.2 Mathematisch hochbegabte Menschen, Rechengenies

Wenn man von „Rechengenies" spricht, handelt es sich um Personen, die auch komplizierte Rechnungen schnell und ohne Hilfsmittel im Kopf durchführen können, wobei sie sich verschiedener Verfahren und selbst entwickelter Lösungsalgorithmen bedienen. Leider werden in der Öffentlichkeit fälschlicherweise auch solche Menschen als „Rechengenies" bezeichnet, die Zahlenkolonnen, Ergebnisse aus verschiedenen Aufgabenstellungen einfach auswendig lernen und täglich mehrere Stunden trainieren, um sie auf Zuruf zu reproduzieren. Solche Leistungen sind durchaus anerkennenswert, doch mit Genialität im Rechnen oder hohen Rechenfähigkeiten haben sie nichts zu tun. Solche Personen verdienen keinesfalls die Bezeichnung „Rechengenie" oder „Rechenkünstler". Eher sind das Gedächtnisakrobaten, die sich auf Zahlenmaterial spezialisieren. Solche Gedächtnisleistungen sind erlernbar und trainierbar. Mathematische Hochbegabung braucht nicht trainiert zu werden, sie ist angeboren.

Leistungen von mathematisch hochbegabten Rechengenies sind so weit jenseits des Horizonts von Normalbegabten, daß sie von diesen nicht mehr zu verstehen sind. Sie können nur noch von wenigen Menschen, die selbst mathematisch hochbegabt sind und die die Rechenprozesse, die zahlentheoretischen Implikationen, die anspruchsvollen Algorithmen und die selbst erarbeiteten logarithmischen Schritte usw. in etwa nachvollziehen können, verstanden werden. Mit Papier und Bleistift, mit Logarithmentafeln und Taschenrechnern ausgestattet, würden Normalbegabte in vielen Stunden harter Arbeit vielleicht noch mit einem echten Rechengenie mithalten können, niemals aber im Kopf und in Sekundenschnelle. Da versagt jegliche Vorstellungskraft.

Ein Rechengenie – wie Gert Mittring eines ist – trainiert nicht, lernt keine Zahlenkolonnen auswendig, um sie aufzusagen, sondern rechnet. Folgender Vergleich sei gestattet: Ein Zahlengedächtnis-Akrobat gleicht einem Menschen, der viele Gedichte und Balladen auswendig gelernt hat und sie jederzeit aufsagen kann. Er reproduziert, was ein anderer geschaffen hat. Ein Rechengenie ist wie der Dichter, der diese Gedichte und Balladen geschrieben hat. Er reproduziert nicht, sondern er produziert, schafft, gestaltet, kreiert. Diese Begabung ist angeboren. Sie „meldet" sich schon früh, kommt nicht erst mit den Jahren. Sie setzt sich auch in einem begabungsfeindlichen Klima durch. Auch wenn eine Förderung nicht stattfindet, das rechnerische Genie in der Schule nicht erkannt und sogar gebremst wird, entfaltet es sich zu einer Genialität, wie man sie nur ganz selten antrifft. Die Lebensschicksale mathematischer Genies weisen – vor allem in der Kindheit – viele Parallelen auf, wie etwa die von Euler, Gauß, Gödel, Aitken, Wim Klein, Wurzelexperte und Weltrekordhalter, Hans Eberstark oder Gert Mittring. Im folgenden soll dazu einiges beispielhaft ausgeführt werden.

3.2.1 Gert Mittring

Ein mathematisch und allgemein intellektuell extrem Hochbegabter ist Gert Mittring, der inzwischen über 14 Weltrekorde im Kopfrechnen hält. Er wurde in den achtziger Jahren am Psychologischen Institut der Bonner Universität von Prof. Bredenkamp und seinem Team psychologisch untersucht. Bredenkamp schreibt in der Einleitung seiner Veröffentlichung über diese Untersuchung:

„„...Im folgenden wird über kognitionspsychologische Untersuchungen eines Rechenkünstlers berichtet, der verschiedenartige schwierige Rechenprobleme innerhalb kurzer Zeit im Kopf löst. Zu seinen Glanzleistungen gehört das Ausrechnen der 137. Wurzel aus einer tausendstelligen Zahl innerhalb von 47 sec. (bei einem späteren Versuch 13,3 sec. Anm. d. Verf.). Diese Leistung wurde in Anwesenheit von Zeugen im Psychologischen Institut der Universität Bonn erbracht und ist nach Auskunft des Rechenkünstlers noch schneller möglich, wenn er ohne Beobachter rechnen kann. Mit der dokumentierten Zeit hat er unseren Personal-Computer allemal überflügelt. Die gestellten Aufgaben waren ihm nicht bekannt...".

In derselben Veröffentlichung schreibt Bredenkamp abschließend: „...Was ihn gegenüber anderen Personen auszeichnet, ist, daß er eine Strategie erdacht und eingeübt hat, die der Begrenztheit des menschlichen Gedächtnisses hervorragend Rechnung trägt. Die Erklärung derartiger schöpferischer Akte bereitet der Psychologie nicht nur im Bereich des Kopfrechnens Schwierigkeiten. Die Aussagen unseres Pb zu der Frage, wie er zu seinem Problem der Lösungsstrategie gekommen ist, sind spärlich und nicht berichtenswert. Auch ihm scheint die Antwort auf diese Frage weitgehend unbekannt zu sein."

Interessanterweise ist Mittring nicht der einzige Rechenkünstler, der über das Wie in seinem Kopf beim Rechnen wenig aussagen kann. Die meisten Rechenkünstler, wie z. B. Prof. Aitkens, meinen, das Ergebnis wäre einfach da, oder es mache „klick", und die Lösung steht geistig geschrieben im Kopf. Anscheinend laufen mehrere Prozesse gleichzeitig und mit extrem hoher Geschwindigkeit im Kopfe ab, so daß die Rechenexperten deshalb wenig über sie aussagen können – „es rechnet in ihnen", wie sie sagen.

In der Schule galt Gert Mittring als schwierig. Er wurde nicht als hochbegabt erkannt und fühlte sich besonders im Rechenunterricht, aber auch in allen anderen Fächern, permanent und stärkstens unterfordert. Heute hat er ein Diplom in Informatik, einen Doktorgrad in Heilpädagogik und arbeitet an einer Habilitation zum Themenbereich mathematische Hochbegabung bzw. Dyskalkulie.

Mittring hat in seinem Buch, das aus seiner Dissertation hervorgegangen ist, vieles über seine Gefühle beim Rechnen und die Faszination, die Zahlen auf ihn ausüben, berichtet. Es sollen hier beispielhaft Passagen aus seinem Buch wörtlich zitiert oder sinngemäß wiedergegeben werden.

Im Laufe seines bisherigen Lebens hatte er eine Reihe von Schlüsselerlebnissen, die seine Einstellung, sein Denken und seine Motivation nachhaltig geprägt haben. Eines der wichtigsten positiven Schlüsselerlebnisse soll hier aus seinem Buch zitiert werden:

„Es war Dezember 1984. Es war ein vergleichsweise kalter, nebliger und düsterer Wintertag, an welchem ich per Zufall von einem Mathematiklehrer einer nahegelegenen Schule erfuhr, daß der Weltrekordler im Kopfrechnen, Wim Klein, den ich bisher nur aus dem Guinness Buch kannte, an einer Schule seine Rechenkünste demonstrieren wolle. Bei dieser Nachricht schlug mir das Herz bis zum Hals vor Aufregung, diesen Mann eventuell persönlich kennenlernen zu dürfen. Bis zu jener Zeit wußte ich noch wenig über das Phänomen 'Rechenkünstler'. Man sagte mir zwar schon damals während meiner Schulzeit nach, ich wäre ein Rechengenie, aber ich glaubte das nicht so recht, obwohl mir das Rechnen leichter als jedes andere Fach fiel. Ich bat also meinen Klassenlehrer, mir einen Tag schulfrei zu geben, um die Rechenvorführungen von Wim Klein an einem anderen Gymnasium in Bonn besuchen zu können.

Am Veranstaltungsort angelangt, sah ich einen älteren Mann, der auf mich wie ein zerstreuter Professor wirkte. Ich fragte Wim Klein während einer Pause, ob ich ihm einige Rechnungen vorführen dürfte. 'Natürlich darfst Du das; ich freue mich, wenn ich in Dir einen richtigen Partner finde!' ermunterte er mich. Und so begann auf der Tribüne der Aula eine warmherzige Freundschaft zwischen mir und Wim Klein, die mein weiteres Leben stark geprägt hat".

Den Rechengenies ist eines gemeinsam: Sie haben kaum Gesprächspartner, weil kaum ein anderer Mensch mit ihren Gedanken mithalten kann – aber auch, weil sich kaum jemand so heiß für Zahlen, Algorithmen und Rechenoperationen interessiert wie sie. Wie Wim Klein ging es auch Gert Mittring.

Ich zitiere weiter:

„Wim Klein zerlegte in seiner Vorführung größere Zahlen in Primfaktoren, gab zu verschiedenen Daten, die ihm die Schüler zuriefen, den Wochentag an (also zum Beispiel: was für ein Wochentag war der 27. August 1967?), präsentierte magische Quadrate, zog größere auch nichtaufgehende Wurzeln, multiplizierte und teilte in Windeseile – es war eine Freude! Die Schüler mußten vorher auf einem eigens für diese Vorführung zur Verfügung gestellten Tischcomputer großzahlige Aufgabenstellungen vorbereiten, weil auf dem Display eines Taschenrechners mit maximal 10 Stellen nicht genügend Platz für größere Zahlen zur Verfügung steht. Ich konnte bei einigen Aufgaben recht gut mithalten, da ich selbst schon seit frühester Kindheit ein begeisterter Kopfrechner war. Nach meinen Darbietungen war Wim Klein überzeugt, daß er in mir einen gelehrigen Schüler und Gesprächspartner gefunden hatte. 'Du sollst eines Tages mein Nachfolger werden, Gert. Ich bin überzeugt, daß Du es schaffst! Was Du bisher gezeigt hast, ist von höchster Qualität, mein Junge!'. Tief beglückt über dieses wunderbare 'Geschenk' ging ich nach Hause.

Bei einem meiner Besuche in Amsterdam schenkte er mir ein Foto von sich mit einer Widmung, auf die ich heute noch stolz bin:

Für Gert Mittring der wenn er brav zuhört und tüchtig übt mein Nachfolger werden kann und werden soll. Wim Klein

Leider wurde Wim Klein im Juli 1986 Opfer eines Gewaltverbrechens. Die Kultur des Kopfrechnens hat mit ihm einen exzellenten Vertreter verloren. Sein Erbe jedoch lebt in mir weiter. Über ihn und seine genialen Fähigkeiten wurden Artikel verfaßt und Bücher geschrieben, so daß die Erinnerung an ihn wach bleibt.

So hat dieser Dezembertag 1984 eine für mich bedeutsame Phase eingeleitet: selber ein anerkannter Rechenkünstler zu werden und in das Guinness Buch der Rekorde aufgenommen zu werden – mit anderen Worten, die Nachfolge meines Freundes Wim Klein anzutreten".

Im folgenden bringe ich sinngemäß und gekürzt einige Passagen aus dem unveröffentlichten Buchmanuskript von Gert Mittring, „Das Haus in meinem Kopf", in welchem er u. a. über seine beiden Freunde Wim Klein und Hans Eberstark schreibt.

3.2.2 Wim Klein

Er wurde am 4. Dezember 1912 in Amsterdam als Sohn eines jüdischen Arztes geboren. Sein Interesse für Zahlen fing auch bei ihm schon in der frühen Kindheit an, aber sein Vater wollte, daß er eines Tages die ärztliche Praxis übernehmen sollte. Wim berichtet über seine damaligen Mathematikstunden: „In der Schule sollten wir die Zahlen von 1 bis 500 zerlegen. Da ich mit dieser Aufgabe sofort fertig war, setzte ich die Rechnungen bis 10.000, 15.000, 20.000, 25.000 fort, sehr zum Erstaunen meines Lehrers und zum Unmut meiner Mitschüler...". Sicherlich war Wim, wie viele andere mathematisch hochbegabte Schüler, ein mittlerer Alptraum für seinen Mathematiklehrer.

Für Wim waren die Zahlen ständige und gute Freunde. Ziemlich lustlos nahm er auf Aufforderung seines strengen Vaters das Medizinstudium auf, träumte aber immer davon, eines Tages mit seinen Rechenkünsten eine große Show zu geben. Mit Ach und Krach beendete er sein theoretisches Studium, als sein Vater im Jahre 1937 starb.

Nach dem Weltkrieg mußte Wim von irgend etwas seinen Lebensunterhalt bestreiten, denn die Deutschen hatten sein gesamtes Vermögen konfisziert. So kam er auf die Idee, als stummer Fakir aufzutreten. Mit einem Turban, einem falschen Kinnbart und wie ein Inder gekleidet trat er in einem Theater auf. Sein Partner übernahm den gesprochenen Part der Show, während Wim Klein auf einer Tafel mit Kreide rechnete. Diese Art von Darbietung war weder für Wim noch für den Theaterdirektor das Wahre. Der Vertrag wurde gekündigt und Wim bekam eine bessere Show mit einem exzellenten Künstler. Man gab Wim den Künstlernamen „Pascal", nach dem Erfinder der Rechenmaschine, denn Wim Klein war kein Name, mit dem man Leute zu Shows anlocken konnte. Als er aber mit seinen Vorführungen auch in Frankreich auftrat, merkte man bald, daß sein Künstlername wenig wert war, weil dort fast jeder dritte Mensch Pascal hieß. So kehrte er zu seinem ursprünglichen Namen Wim Klein zurück, den er fortan beibehielt.

Wim Klein hatte den Weltrekord für das Wurzelziehen erreicht. Sein phänomenales Zahlengedächtnis wurde unterstützt durch seine Fähigkeit zu lebhaften Visualisierungen. Das heißt mit anderen Worten, daß in seinem Bewußtsein bei jeder Ziffer oder bei jeder Zahl ganz automatisch irgendein Bild oder ein Symbol auftauchte. Er amüsierte sich selbst über diese Fähigkeit, die übrigens bei Rechengenies häufig anzutreffen ist.

Mittring wörtlich: „Außergewöhnlich waren auch seine Multiplikationsfertigkeiten: So löste er beispielsweise die Multiplikationsaufgabe 426*843, während er holländisch murmelte, nach wenigen Sekunden im Kopf: 359.118.

Er rechnete mit Hilfe der Faktorisierung (Zerlegung größerer Zahlen in Faktoren), indem er – bei obiger Aufgabe 426*843 – die erste Zahl 426 durch 6 teilte, worauf er 71 erhielt – und dann 843 mit 6 multiplizierte – und 5058 erhielt. Diese Multiplikation, nämlich 71*5058 oder 71*5000 plus 71*58 (= 359 118) ist viel leichter auszurechnen als die ursprüngliche Aufgabe. Er brauchte für die Lösung der Aufgabe nur noch 355.000 und 4.118 zusammenzuzählen, um zu dem Ergebnis 359.118 zu gelangen".

Wim kannte, wie er Mittring in vielen Gesprächen berichtete, die Produkte aller zweistelligen Zahlen, wie z.B. 71*58 (= 4118), auswendig, die Resultate brauchte er nur aus seinem – wie er selber sagte – 'mechanischen Speicher' abzurufen. Es machte Mittring immer wieder Spaß, bei seinen Treffen mit ihm sich darin mit ihm zu messen.

Wim meinte, da sich so oft gleiche Kombinationen ergeben, ist es logisch, daß – wenn man weiß, daß beispielsweise 2537 gleich 43*59 ist, und man eine kleine Show abziehen will – man auf Anhieb das Resultat, nämlich 2537 nennen kann.

Wim Kleins „Basiswissen" war beachtlich: Er kannte die Primzahlen bis 10.000, die (dekadischen) Logarithmen für die Zahlen von 1 bis 150 auf fünf Nachkommastellen genau, die Produkte zweier zweistelliger Zahlen – wie oben schon erwähnt –, die Quadrate der Zahlen bis 1000, die dritten Potenzen der Zahlen bis 100, die ersten 32 Potenzen von 2, die ersten 20 Potenzen von 3, historische Daten und die Geburts und Todesdaten von 150 Komponisten auswendig, ohne je eine dieser Zahlen oder Operationen „aktiv gelernt" zu haben. Sie waren einfach in ihm drin. Seine gesamten Zahlenbestände waren sein „stilles Wissen". Dieses „stille Wissen" war ein häufiger Gesprächspunkt zwischen Mittring und Klein. Viele seiner außergewöhnlichen Rechenstrategien haben Mittrings Rechenweise und seine Algorithmen maßgeblich beeinflußt.

1952 bekam Klein in Amsterdam eine Anstellung im „Mathematischen Centrum", wo er sich mit verschiedenen Rechenarbeiten beschäftigte. Damals gab es noch keine Computer und Wim hatte große Freude an dieser Aufgabe. Durch einen glücklichen Zufall wurde ein französischer Professor, der dieses Centrum besuchte, auf ihn aufmerksam. Er engagierte ihn auf der Stelle, damit er an der Sorbonne seine Rechenkünste demonstrierte. Eine ursprünglich für 50 Minuten anberaumte Vorführung Wims dauerte dann 2 Stunden – mit dem Ergebnis, daß Wim fortan in ganz Frankreich in Grundschulen Rechenunterricht erteilen durfte.

1954, nach einem Treffen Wims mit dem neuseeländischen Mathematikprofessor Alexander Craig Aitken, selbst ein Rechengenie, ergab sich ein gemeinsamer Auftritt im britischen Rundfunk. Klein hatte den Durchbruch endlich geschafft. 1955 ging er für neun Monate als „der Mann mit dem 10.000-Pfund-Gehirn" auf Tournee.

Gert Mittring berichtet: „Vieles hat Wim in der Zeit danach erlebt; es fällt mir schwer, im nachhinein alles in der richtigen Reihenfolge wiederzugeben. Sehr viel Spaß hat es ihm gemacht, als er 1958 eine zweiwöchige Tour durch verschiedene Schulen in der Schweiz machte. Damit begann nämlich ein weiterer, erfolgreicher und schöner Abschnitt in Wims Leben. Dort hat er, mehr aus Zufall und Glück, denn als konkretes Bemühen, eine Anstellung im CERN (European Organization for Nuclear Research) erhalten. Zunächst sollten es nur wenige Wochen werden. Wim blieb hier achtzehn Jahre".

1983 schrieb Helmut Kuhn (Ted Siera Verlag, Hamburg) ein lesenswertes Buch über Wim Klein mit dem Titel „Wim Klein – Genie, Clown oder Wissenschaftler". Auf dem Umschlag hinten vermerkte „Die Welt" (aus einem Artikel von Jochen Leibel):

„Er hat nie Mathematik studiert, aber Rechenprobleme löst William Klein schneller als viele hochgelehrte Professoren. Eine seiner ersten Aufgaben war das Ausrechnen einer Formel mit 30 Komponenten. Klein schaffte es in knapp zehn Minuten. Ein Mathematiker mit Hochschulbildung hätte mehrere Tage daran gesessen."

Neben dem Kopfrechnen hatte Wim Klein noch eine Passion: die Musik. Jazz wie auch klassische Musik haben es ihm angetan. Bei Mittrings Besuchen spielte er ihm oft seine Lieblingsplatten vor. Dieses Phänomen, daß mathematisch Begabte eine Vorliebe für Musik hegen, findet man häufiger.

Mittring berichtet: „Wim war sicherlich einer der Besten überhaupt, was die Schnelligkeit seines Rechnens betrifft. Ich werde immer an ihn denken, sein Vorbild wird mir immer ein Ansporn bleiben".

3.2.3 Hans Eberstark

Hans Eberstark, der von den Medien als „der Mann der vielen Zungen" genannt wird, ist ein Allround-Genie mit einem extrem hohen Intelligenzquotienten. Gert Mittring berichtet über ihn:

„Wim Klein kannte Hans Eberstark natürlich auch – und durch Wim lernte ich Hans erst kennen. Wim beschreibt Hans Eberstark als 'großartig, absolut spitze. Hans raucht nicht. Er trinkt nicht. Er ist groß und fett. Er ist so ruhig. Er wird nie nervös. Das genaue Gegenteil von mir.' Ich kann dieser Beschreibung nicht viel hinzusetzen, so war Hans auch, als ich ihn kennenlernte".

Hans Eberstark wurde am 27. Januar 1929 in Wien als einziges Kind einer jüdischen Arztfamilie geboren. Beide Elternteile hatten in ihrer Ahnenreihe fähige Talmud-Gelehrte. Der Familienname Eberstark kommt von BielskoBiala, heute Polen, damals ein Teil des Österreichisch-Ungarischen Reiches. Die Familiengeschichte ist sehr interessant. Sein Vater wollte nach Amerika auswandern, um dort seine Studien zu beenden. Er buchte eine Kabine auf der Titanic, erkrankte aber an einer Art Scharlach und mußte die Reise stornieren.

Auch Hans Eberstark galt schon als Kind als genialer Rechner. In der Schule war er in Mathematik immer der Beste. Seine zweite Begabung waren Sprachen. Er spricht an die 20 Sprachen und etwa 400 Dialekte fließend. Als Kind pflegte er jeden Besucher in Eberstarks Haus zu fragen: „Interessieren Sie sich für Sprachen?" Wenn jemand darauf mit „Nein" antwortete, war er bei dem kleinen Hans schon unten durch.

Mit sechs Jahren lernte Hans Hebräisch. Dann entdeckte er in der Bibliothek seines Vaters ein Wörterbuch, in welchem das griechische und das kyrillische Alphabet aufgezeichnet waren. Schnell hatte er beide erlernt.

Nach dem Anschluß Österreichs an Deutschland im Jahre 1939 mußte die Familie auswandern. Nach vielen Irrungen und Schwierigkeiten mit Paß und Visum reiste die Familie nach Triest, von wo aus sie mit einem Luxusdampfer nach China reisten. Auf der Überfahrt lernte er Italienisch, weil ihm die italienische Schiffsküche so gut schmeckte. Die Reise dauerte 25 Tage. In Shanghai fand die Familie eine vorübergehende Bleibe, und Hans verlebte von seinem 10. bis zu seinem 18. Lebensjahr eine schöne Zeit in China. Shanghai wurde seine eigentliche Vaterstadt, sagte er einmal zu Mittring. Shanghai war seit 1937 von den Japanern besetzt; die Stadt war sehr zerstört. Ein Camp, von ausgewanderten Juden gesponsert, war die erste Bleibe. Viele emigrierte Juden in diesem Camp kamen aus Österreich und Deutschland, auch aus Polen. Hans lernte im Nu Yiddisch. Weil dort Ärzte rar waren, meldete sich sein Vater freiwillig und wurde Chefarzt im Camp. Familie Eberstark erhielt eine gute Unterkunft und einen chinesischen Koch. Hans besuchte dort die „Shanghai Jewish Association School", die von einem Iraki finanziert wurde. Die Lehrer dort waren Deutsche, die Unterrichtssprache Englisch, später kamen noch Chinesisch und Japanisch hinzu.

Nach der Rückkehr der Familie nach Wien im Februar 1947 sollte Hans nach dem Wunsche seines Vaters Chemie studieren, was er aber absolut nicht wollte. Sprachen waren seine Leidenschaft, und Sprachen wollte er studieren. Eine seiner ersten Aufgaben als SimultanDolmetscher war sein Einsatz bei den Nürnberger Prozessen.

Mit seinen Sprachkenntnissen hat er nicht nur viele glückliche Stunden verbracht, er hatte auch Erfolge damit als Übersetzer und Dolmetscher. Einige der Sprachen, die der promovierte Sprachwissenschaftler perfekt beherrscht, sind neben Englisch, Französisch, Spanisch, Italienisch, Portugiesisch und Holländisch auch noch Schwedisch, Norwegisch, Dänisch, Hebräisch, Yiddisch, Albanisch, Papiamento, Kreolisch (Haiti) und Surinamesisch oder Suranan Tongo (seine Lieblingssprache, in welcher er auch seine Doktorarbeit verfaßte). Eberstark war zuletzt Dolmetscher und Übersetzer beim Internationalen Arbeitsamt in Genf.

Er reiste viel in der Welt umher. Zum Beispiel in Albanien oder in Äthiopien, wo er sich in kürzester Zeit soviel Amharisch aneignete, daß er sich mit den Einheimischen mühelos in ihrer Sprache verständigen konnte. Er meinte in einem Gespräch anläßlich eines Besuches von Mittring und der Autorin in seiner Genfer Wohnung: „Da Amharisch mit dem Hebräischen verwandt ist, das ich beherrsche, gab es mit dem Amharischen auch einige Gemeinsamkeiten. Das ist eine meiner Methoden: Ich lerne nicht einzelne Wörter, ich lerne die Unterschiede. Ich stelle mir vor, wie die Wörter sein könnten, dann schlage ich in einem Wörterbuch nach, um meine Annahme zu bestätigen".

Schon bald fiel Hans Eberstark in Wien als Rechengenie auf. Er war in allen Gebieten der Arithmetik ausgezeichnet, obwohl ihn die Mathematik nicht sonderlich interessierte. 1951 las er zufällig in der Zeitung von zwei Rechengenies, was ihn endlich anspornte auch selbst einige Algorithmen zu entwickeln. Bald lernte er auch Wim Klein kennen, mit dem er sich rasch befreundete.

Auch als Kopfrechner hat sich Hans Eberstark einen Namen gemacht. Die Buchstaben, Laute und Worte sind als Gedächtnishilfe die Grundpfeiler seines Rechnens. Mit ihnen kann er große Mengen von Zahlen erinnern. Eberstark ist ein akustisch orientierter Kopfrechner. Er übersetzt Zahlen in Buchstabenfolgen und umgekehrt. So „bedeutet" z.B. die Zahl 64.822 für ihn die Lautkombination „*pfoo*". Dieses Wort gehört zu einer „neuen Sprache", die – wenn man die Aussprache betrachtet – aus Fragmenten realer Sprachen, wie Englisch, Französisch, Spanisch o. ä. zusammengesetzt ist. Die Aneinanderreihung solcher von ihm erfundener „Wörter" ergibt für Hans Eberstark eine „Geschichte", die er sich dann merkt. So kann er viele Zahlen gleichsam als „Wortgeschichten" in seinem Gedächtnis speichern. Diese Prozedur hat er angewandt, als er für einen Gedächtnis-Weltrekordversuch die ersten 11.944 Stellen von pi auswendig wiederholte. Dieser Rekord wurde von dem Japaner Hideaki Tomoyori und darauf von dem Engländer Creighton Carvello (20.013 Stellen) übertroffen.

Das Multiplizieren von zwei (schriftlich vorgegebenen) siebenstelligen Zahlen gelang Hans Eberstark innerhalb einer Minute. Wenn er die Ziffern nicht schriftlich bekam, dauerte es etwas länger.

Viele Artikel sind über Eberstark geschrieben worden; er wird in Büchern als Rechengenie erwähnt. Mittring schreibt:

„...Mein Freund Hans Eberstark lebt heute zurückgezogen in Genf. Ich habe ihn vor Jahren, als seine Gesundheit noch nicht angeschlagen war, häufiger und für längere Zeit besucht. Wir sprachen über die Mathematik, das Kopfrechnen, über verschiedene Rechenmethoden, die Philosophie, die Astronomie, über interessante Rätsel und vieles mehr. Wir haben miteinander eine lange andauernde Freundschaft geschlossen".

3.2.4 Gottfried Rückle

Der um 1880 geborene deutsche Mathematiker Gottfried Rückle wurde durch seine zahlentheoretische Dissertation über quadratische Reste im Körper der algebraischen Zahlen bekannt (Göttingen, 1901). Seine Neigung zum Rechnen war früh vorhanden: er wußte schon mit 12 Jahren alle Primzahlen bis 1000 auswendig.

Rückle hatte eine Fülle von Visualisierungen (innere Bilder), die ihm beim Erinnern der Zahlen halfen. Ungerade Zahlen konnte er sich besser merken als gerade, und bei diesen interessierte es ihn immer, ob es sich um Primzahlen handelte. Seine Spezialität war sein vorzügliches visuell orientiertes Zahlengedächtnis. Wenn die Zahlen in bunter Kreide auf einer Tafel präsentiert wurden, konnte er sie sich detailgetreu in sehr kurzer Zeit mitsamt den Farben einprägen. Rückle nutzte für sein Zahlengedächtnis aber auch viele numerische Assoziationen, um sie sich über längere Zeit zu merken. Spontan – in wenigen Sekunden – fand er zu präsentierten Zahlen folgende Assoziationen:

353 – Primzahl,

673 – Primzahl,

841 – 29 zum Quadrat,

429 – 3*11*13 und

86.219 – 219 ist 3*73 und log 73 = 1,86...

usw.

Für die Multiplikation (im Kopf) 6241*3635 benötigte Rückle 70,5 Sekunden, indem er nach folgender Formel – eine Variante der dritten binomischen Formel – vorging:

a*b = Quadrat ((a+b)/2) – Quadrat ((ab)/2).

Er rechnete 6241*3635 = Quadrat (4938) – Quadrat (1303)

= 24.383.844 – 1.697.809

= 22.686.035.

3.2.5 Alexander C. Aitken

Professor Alexander Craig Aitken wurde 1895 in Neuseeland geboren. Er war ein allgemein anerkannter Mathematiker und veröffentlichte etwa 80 wichtige Beiträge zur Algebra, zur numerischen Analysis und zur Statistik. Er brachte sich selbst mit beachtlichem Erfolg das Geigenspiel bei. Außerdem war er Amateur-Komponist, Dichter, Sprachenlehrer, und einer der besten Kopfrechner, die je auf der Welt gelebt haben. Er kannte sich in der Weltliteratur so gut aus, daß er lange Passagen aus Milton oder Virgil auswendig wiedergeben konnte. Man kann bei Aitken zurecht von einem in allen Bereichen genial begabten Menschen sprechen. Seine musikalische Hochbegabung verlief parallel zu seiner mathematischen – in beiden war er vorwiegend Autodidakt.

Ungewöhnlich ist, daß seine mathematische Begabung erst spät erkannt wurde. Erst mit 28 Jahren begann seine mathematische Laufbahn. Die ihm bei verschiedenen Anlässen gestellten Aufgaben – er sollte z. B. die Quadrate von 251, 299, 413, 568, 596, 777, 983, 3189 und 6371 ausrechnen – löste er im Kopf auf Anhieb (bis auf die letzten beiden Zahlen, bei denen er fünf Sekunden brauchte).

Seine Methode der schnellen DezimalbruchBerechnung ist interessant, es wäre aber zu aufwendig, sie hier näher zu erläutern. A. C. Aitken widerlegt eindrucksvoll die verbreitete Meinung, daß Rechenexperten zu den „savant idiots" zu zählen sind. Das sind Menschen, die sehr schnell im Kopf Rechenoperationen durchführen können, aber in anderen Dingen, auch in alltäglichen, völlig hilflos sind. Viele davon sind in psychiatrischen Heimen anzutreffen und sind pflegebedürftig.

Ein sehr anschauliches und beeindruckendes Beispiel eines „idiot savant" brachte der Film „Rain Man", in welchem Dustin Hofman einen Autisten spielte, der hervorragend kopfrechnen konnte, aber sonst völlig auf die Hilfe der Krankenpfleger angewiesen war.

Wer sich für Kopfrechnen interessiert, dem sei empfohlen, das Buch von B. S. Smith zu lesen: The great Mental Calculators, Columbia University Press, New York 1983.

Mit diesen Beispielen sollte ein kleiner Einblick in die Gedankenwelt von Rechengenies gegeben werden. Ganz verstehen können werden wir sie wohl nie.

4 Hochbegabtenförderung

4.1 Allgemeine Vorbemerkungen

> *Die Förderung von Begabungen ist Teil einer pädagogischen Innovation, die durch stärkere individuelle Förderung die Chancengleichheit für alle fordert. Bildungseinrichtungen sind stärker in die Lage zu versetzen, individuelle Begabungen zu erkennen und zu fördern.*
>
> *Forum Bildung 2002, Köln*

Zunächst stellen sich dazu einige Fragen: Kann man Hochbegabung fördern? Soll man sie fördern? Wie kann man sie fördern? Welche Institutionen gibt es dazu z. B. in Deutschland?

Welche Rolle spielen Hochbegabte in der Gesellschaft? Welche können sie, welche sollten sie spielen? Tragen sie, wie man im alten China meinte, zu Wohlstand und Reichtum der Gesellschaft bei? Oder sichern sie den Bestand eines Staates, wie man im alten Griechenland meinte?

Schon zur Zeit von Konfuzius (ca. 500 v. Chr.) wurden in China „göttliche Kinder" systematisch ausgesucht, ausgebildet und gefördert, da man glaubte, daß durch sie der nationale Wohlstand und Reichtum gesichert werden könne. Staatsinteressen bildeten also das Motiv für die Förderung Hochbegabter. Ähnlich findet sich ca. 400 v. Chr. in Griechenland bei Plato die Annahme, daß ein Staat untergeht, wenn man nicht die für eine Herrschaft geeigneten „goldenen Kinder" findet und fördert.

Heute gibt es weltweit viele Institutionen, die sich zur Aufgabe gemacht haben, Hochbegabte zu fördern oder Forschungen zu betreiben, um daraus Konzepte für Maßnahmen zur Förderung hochbegabter Menschen, zumeist Kinder und Jugendliche, zu entwickeln. Eltern, Erzieher und Pädagogen, Politiker und Vereinigungen aller Länder haben ein besonderes Interesse daran, daß hochbegabte Kinder entdeckt und gefördert werden. Auch Zusammenschlüsse betroffener Eltern, Hochbegabten-Fördervereine, Spezialschulen u. ä. artikulieren ihre Vorstellung darüber, was für diese Kinder getan werden sollte – in der Schule und außerhalb.

„Der schulische Unterricht ist im Prinzip auf normal begabte Kinder zugeschnitten. Da taucht die Frage auf: Macht dieses integrative Schulungskonzept, das de facto und auch mit Recht auf normal Begabte zugeschnitten ist, hochbegabte Kinder nicht virtuell zu Außenseitern in Klasse, Schule und Gesellschaft?"

Klaus Hurrlemann

Als sehr wünschenswert werden in der Marburger Hochbegabten-Studie Fördermaßnahmen für hochbegabte Kinder genannt, die die Eigenverantwortlichkeit der Eltern für die Förderung ihrer hochbegabten Kinder betonen und von ihnen persönliches Engagement und Unterstützung verlangen. Lehrer werden eher als sachkundige Ratgeber gesehen.

Die Bund-Länder-Kommission (BLK) hat zum Thema Begabtenförderung ein „Forum Bildung" gebildet, der einen Orientierungsrahmen „Begabtenförderung – Ein Beitrag zur Förderung von Chancengleichheit in Schulen" entwickelt hat. Daraus möchte ich die bildungspolitischen Folgerungen aus Abschnitt 7 zitieren:

- „Herstellung der Chancengleichheit für alle Schülerinnen und Schüler, die die Förderung der Begabten einschließt, muß Anliegen aller in der Bildung Tätigen sein.
- Alle gesellschaftlichen Bereiche sollten für die Begabtenförderung sensibilisiert werden.
- Das Vorhandensein eines begabungsfördernden Umfeldes bzw. begabungsfördernder Lernorte begünstigt die Begabtenförderung in Bildungseinrichtungen.
- Begabungsförderung sollte durchgängig während des Elementarbereiches bis hin zur Berufsausbildung bzw. zum Studium erfolgen.
- Die Begabungsförderung sollte in den Ländern weiter verbessert werden durch politische Rahmensetzungen, die Spielräume für differenzierte Konzepte zulassen.
- Die Förderangebote für begabte Kinder im Vorschulalter und im Primarbereich sollten verbessert werden.
- Vorzeitiges Einschulen und das Überspringen von Klassen sollten Maßnahmen insbesondere für jene Kinder sein, die über eine hohe intellektuelle Begabung verfügen und keine bedeutsamen Defizite in anderen Entwicklungsbereichen aufweisen.
- Durch eine Vielzahl von EnrichmentMaßnahmen sollten die positiven Effekte auf die intellektuelle, persönliche und soziale Entwicklung begabter Schüler/innen unterstützt werden.
- Die Förderung begabter Mädchen sollte verstärkt werden.
- Begabungsfördernde Strukturen und Maßnahmen sollten bereits während der beruflichen Erstausbildung verwirklicht werden.

- Eine qualifizierte pädagogisch-psychologische Aus- und Fortbildung des pädagogischen Personals ist für den Erfolg von Begabtenförderung in den Bildungseinrichtungen unabdingbar.

- Die Informationen über Programme und Maßnahmen zur Förderung begabter Schüler/innen sollte sowohl innerhalb Deutschlands als auch über die Landesgrenzen Deutschlands hinweg intensiviert werden.

- Mit der Verbreitung von Informationen über Maßnahmen der Begabtenförderung sollte der Aspekt der wissenschaftlichen Evaluation der Begabungsförderungsmaßnahmen/-programme unmittelbar verknüpft sein.

- Die Aktivitäten europäischer Länder für die Förderung von Begabungen im schulischen Bereich sollten verstärkt in weitere Überlegungen zur Begabtenförderung an allgemeinbildenden und beruflichen Schulen einbezogen werden."

Meine Meinung zum Thema Begabtenförderung: ....

Mein Sohn hat die Grundschulzeit, insbesondere den Mathematikunterricht, nur dank seines ruhigen und geduldigen Wesens schadlos überstanden. Ich erinnere mich mit Grausen der vielen Ausmalbilder zur Festigung der Grundrechenarten. Stundenlang malte er akribisch jede kleine Ecke aus. Gerechnet hatte er nebenbei und denken brauchte er gar nicht. Bis zur 4. Klasse galt er als Träumer, weil er, scheinbar entrückt, seine eigenen Aufgaben weiterspann, aber trotzdem richtige Antworten gab. Glücklicherweise wohnen wir so, daß mein Sohn in den Genuß der außerschulischen Förderung kam, wo sein Interesse an der Mathematik gefestigt wurde...
Auf dem Gymnasium machte ihm die Schule endlich wieder Spaß.

> *Die Euphorie hielt aber nicht lange an, weil das flotte Tempo des Mathematikunterrichts nicht auf die allgemeine Zustimmung seiner Klassenkameraden stieß...*
> *Zum Schluß möchte ich mich bei allen unermüdlichen Mitstreitern bedanken, die sich trotz aller Schwierigkeiten mit viel persönlichem Einsatz der Begabtenförderung widmen! Ich habe schon oft erfahren, daß sehr viel von dem persönlichen Engagement des Einzelnen abhängt.*
> *M. R.*
> *(Quelle: Informationsblatt Nr. 35 15.05.02 des Brandenburgischen Landesvereins zur Förderung mathematisch-naturwissenschaftlich-technisch interessierter Schüler e. V. S. 1213)*

Erfreulicherweise werden bei uns in Deutschland, aber auch in vielen anderen Ländern, eine Reihe von Veranstaltungen und Fördermaßnahmen für hochbegabte Kinder und Jugendliche hauptsächlich von privater Seite, wie Elterninitiativen, Vereinen, oder non governmental organizations angeboten. Es sollen einige Beispiele dafür genannt werden:

Zunächst eine thematische Auswahl:

- Enrichmentprogramme, Wochenendseminare
- Workcamps, Sommerkurse
- Exkursionen und Begegnungsreisen
- Schülerakademien
- Studienaufenthalte
- Schüleraustauschprogramme

- Wettbewerbe

- Stipendien

- schulische Fördermaßnahmen wie z. B. Leistungsklassen, Überspringen, Einzelförderung, frühzeitige Einschulung.

Insgesamt aber muß festgestellt werden, daß zur Zeit die staatliche Hochbegabtenförderung in Deutschland noch einen langen Weg vor sich hat, bis sie auf dem Stand ist, der einer hochentwickelten, ressourcenarmen Industrienation das Überleben im globalen Wettbewerb durch eine geistige Elite sichern kann. „Die Idee, die Leistungsspitze zu fördern", schreibt Martin Spiewak in DIE ZEIT, „passte noch vor kurzem nur schlecht ins pädagogische Raster bundesdeutscher Schulpolitik. Die wenigen Guten noch besser zu machen, das gilt bei vielen Lehrern, Eltern und Schulpolitikern heute als ungerecht und undemokratisch. ... Manche hochbegabte Kinder erleben ihre überdurchschnittliche Intelligenz als Fluch. ... Die meisten Lehrer können mit den kleinen Besserwissern wenig anfangen...". Soweit eine Skizze zu dem Thema Hochbegabtenförderung in der Schule.

TU Aachen interessiert Kinder und Jugendliche für die Naturwissenschaften

Die TU Aachen betreibt breite Nachwuchsförderung... Für Acht- bis Zehnjährige werden „Nachmittage für Kids" organisiert, damit sie sich spielerisch mit technischen Geräten vertraut machen können.

Für die 15 bis 18Jährigen gibt es „Science Nights" in Labors. Nach dem Experimentieren darf man im Labor übernachten...

Aus: ABB-Information Nr. 37-Januar 2002-11. Jg. Seite 29

4.2 Institutionen

Im folgenden werden einige Institutionen, die sich mit Hochbegabungsforschung und oder Hochbegabtenförderung befassen, beispielhaft beschrieben:

4.2.1 World Council for Gifted and Talented Children (WCGTC)

Diese Organisation hat ähnliche Ziele und Aufgaben wie das ECHA. Alle zwei Jahre findet eine Jahreskonferenz statt, bei welcher namhafte Wissenschaftler auf dem Gebiet der Hochbegabtenforschung neue Untersuchungen, Konzepte oder Ergebnisse vorstellen.

Das World Council gibt neben einer Mitgliederzeitschrift auch ein Fachblatt heraus: „Gifted and Talented INTERNATIONAL", das jedes Mitglied kostenlos erhält und in welchem man eigene Forschungen publizieren kann. Die Themen reichen von Modellversuchen, kulturellen Vergleichen bis hin zu neuen Theorien.

Weitere Informationen: E-Mail: WorldGT@earthlink.net

und www.WorldGifted.org

4.2.2 European Council for High Ability (ECHA)

Dieses Council wurde mit der Zielsetzung gegründet, ein europaweites Netzwerk für alle Belange der Hochbegabung (wie Erkennen, Testverfahren, Förderprogramme, Erziehungsfragen) zu entwickeln. ECHA hat im Europa-Council eine Beraterfunktion als NGO (non-governmental organisation). Die Mitglieder kommen aus vielen Bereichen: Wissenschaftler, Erzieher, Institutionen, aber auch Betroffene. ECHA hat „Stützpunkte" in Holland (dem Gründerland), Irland, Ungarn, Polen, Deutschland, Rußland, England und zeitweise Österreich.

Um ihr Ziel zu erreichen, veranstalten ECHA-Mitglieder z. B. Kongresse und Konferenzen, bilden Lehrer zu „Lehrer für Hochbegabte" aus – das sog. „Europa-Diplom", geben eine Zeitschrift heraus, in welcher jedes Mitglied über seine Projekte berichten kann oder um Beratung anfragt. Diese Zeitschrift „ECHA

News" wird von ECHA-Mitgliedern aus Schweden, Israel, Deutschland, Holland und Kanada betreut. Sie erscheint zweimal jährlich.

In Bonn ist der ECHA-Sitz des „European Information Centre", zu Deutsch die Stiftung „Bildung und Begabung" (Kennedyallee 6270, D53175 Bonn), die der Allgemeinheit in allen Fragen der Hochbegabtenförderung offensteht.

Der jährliche Mitgliedsbeitrag in ECHA beträgt z. Zt. DM 90,- für Einzelpersonen und DM 200,- für Organisationen. Man kann auch den kostenlosen Status als „observer" beantragen.

Weitere Informationen zu ECHA über E-Mail: bubev@compuserve.com

4.2.3 Bildung und Begabung e. V.

Die folgenden Aussagen sind einem Leaflet des Vereins entnommen.

Der Verein, 1985 gegründet, ist eine gemeinnützige Initiative des Stifterverbandes für die Deutsche Wissenschaft (der Gemeinschaftsaktion der deutschen Wirtschaft zur Förderung der Wissenschaft und des wissenschaftlichen Nachwuchses) zur Begabungs und Begabtenförderung.

Um Talente im Schulalter zu wecken, anzuregen oder herauszufordern, setzt der Verein insbesondere auf das Instrument der Wettbewerbe. Er richtet folgende Wettbewerbe aus:

- den Bundeswettbewerb Mathematik,
- den Auswahlwettbewerb zur Internationalen Mathematik-Olympiade
- sowie den Bundeswettbewerb Fremdsprachen.

Als Maßnahme zur direkten Begabtenförderung richtet der Verein die Deutsche SchülerAkademie aus. Er vergibt darüber hinaus im Rahmen von Austauschabkommen Plätze in ähnlichen akademischen Sommerprogrammen in den USA.

Die beiden Bundeswettbewerbe und die Deutsche SchülerAkademie stehen unter der Schirmherrschaft des Bundespräsidenten.

Der Verein bietet einen Informationsdienst zu allen Fragen an, die mit Be gabtenförderung zusammenhängen. Er fördert und organisiert ferner Fachtagungen und publiziert Schriften in einer eigenen Reihe. Die Projekte des Vereins werden durch Zuwendungen von Mittelgebern finanziert. Zu diesen gehören in erster Linie das Bundesministerium für Bildung und Forschung und der Stifterverband für die Deutsche Wissenschaft. Einzelne Projekte werden auch durch die Länder, durch Stiftungen, Unternehmen und private Geldgeber gefördert.

Informationen: www.bildung-und-begabung.de

Im folgenden soll näher auf das Konzept der SchülerAkademie eingegangen werden:

4.2.4 SchülerAkademien in Deutschland

Deutsche SchülerAkademien sind außerschulische Lehr und Lernangebote für 16- bis 19jährige Studenten und werden durch das Bundesministerium für Bildung, Wissenschaft, Forschung und Technologie unterstützt. Jeder Kurs wird von 2 KursleiterInnen betreut, die über eine hohe Fachkompetenz sowie über die Fähigkeit verfügen müssen, 16 Tage lang mit Jugendlichen partnerschaftlich zusammenleben und -arbeiten zu können. Die Kursleiter werden nach strengen Maßstäben ausgewählt, besondere Empfehlungen von Dritten sind erwünscht. Neben den beiden Kursleitern sind weitere Wissenschaftler, Lehrer und Experten eingesetzt, die die Jugendlichen in verschiedenen Themengebieten aus Natur-, Geistes- und Gesellschaftswissenschaften und des musischen Bereiches betreuen. Angestrebt wird dabei ein weitgehender interdisziplinärer Informations und Erfahrungsaustausch.

Die Teilnehmer sollen in diesen SchülerAkademien wissenschaftliche Standards und Grundregeln wissenschaftlichen Arbeitens kennenlernen. Pro Jahr werden etwa 6 solcher Akademieveranstaltungen in verschiedenen Teilen Deutschlands angeboten; Schüler aus dem deutschsprachigen Ausland können sich dazu bewerben (bei: Deutsche SchülerAkademie, Bildung und Begabung e. V. Wissenschaftszentrum Postfach 201448 in D53144 Bonn; Tel.:0049-228-302282/ Fax:...302270; E-Mail: 00536.146@compuserve.com). Aber auch als Lehrer bzw. Kursleiter kann man sich hier bewerben. Als „Vergütung" werden im wesentlichen eine allgemeine Aufwandsentschädigung, Reisespesen, Versicherung, Unterbringungskosten, Kosten für Materialien u. a. angeboten.

Hier nun zur Veranschaulichung einige Kurse aus solchen SchülerAkademie-Programmen:

> Mathematische Modelle und Simulationen
>
> Offenheit, Mehrdeutigkeit und Ungewißheit: Problem oder Chance?
>
> Lebensmittelanalytik
>
> Moderne Kryptologie
>
> Das Experiment in der Bodenökologie
>
> Werben für Forschung?
>
> Journalismus und Sprache
>
> China: Sprache, Land, Kultur
>
> Ist die Oper noch zu retten?

Die Erfahrungen, die Jugendliche in der Akademiezeit machen, werden in Freundschaftskreisen fortgeführt. Es gibt inzwischen den Club der Ehemaligen der Deutschen SchülerAkademie (CdE), der dazu genutzt werden soll, ein Kontaktnetz aufzubauen, das dem einzelnen Informationen und Aktivitäten in vielen Bereichen erschließen kann.

4.2.5 Mathematik-Olympiaden

Noch einige Worte zu den Mathemaik-Olympiaden, die ebenfalls von Bildung und Begabung e. V. unterstützt werden.

Die Mathematik-Olympiade ist ein jährlich bundesweit angebotener Wettbewerb, der Schülerinnen und Schülern die Möglichkeit bietet, ihre besondere Leistungsfähigkeit auf mathematischem Gebiet unter Beweis zu stellen. Dieser Wettbewerb ist ein Stufenwettbewerb, d. h. die Leistungsstärksten einer Stufe qualifizieren sich für die nächst höhere. Die Endrunde ist die Bundesrunde. Die Besten dürfen dann an der Internationalen Mathematik-Olympiade teilnehmen. Zu gewinnen gibt es – wie im Sport – Gold-, Silber- und Bronzemedaillen, Diplome oder Sonderpreise. Die Internationalen Mathematik-Olympiaden finden immer in einem anderen Lande statt, so z. B. im Jahre 2000 in Taejon, Südkorea, 2001 in Washington, USA, 2002 in Glasgow, Großbritannien, 2003 in Tokyo, Japan, 2004 in Athen, Griechenland.

Weitere Informationen: www.mathematik-Olympiaden.de

E-Mail: mo@mathematik.uni-rostock.de

4.2.6 Arbeitskreis Begabungsforschung und Begabungsförderung e. V.

Dieser Arbeitskreis (*ABB*) arbeitet mit dem European Council for High Ability (ECHA) und dem World Council for Gifted and Talented Children (WC GTC) zusammen.

Der *ABB* wurde 1991 von Begabungsforschern aus Ost und West gegründet, die einander bereits von internationalen Begegnungen aus der Zeit vor dem Bruch der deutschen Mauer kannten.

Zu den vordringlichen Anliegen des *ABB* gehört es,

- die wissenschaftliche Kommunikation und Kooperation zur Begabungsforschung und Begabungsförderung zu verstärken,

- den Gedanken der Begabungsförderung als pädagogisches und psychologisches Grundanliegen zu begründen und zu verbreiten,

- den Transfer von Erkenntnissen aus der interdisziplinären Begabungsforschung zu fördern und ihre Umsetzung zu forcieren.

Die Mitgliedschaft im *ABB* ist möglich

- für Wissenschaftler, die Forschungen zur Begabungsförderung durchführen, diese unterstützen oder mit Begabungsforschern kooperieren,

- für Begabungsforscher in der Praxis, z. B. Lehrer, die am Prozeß der Begabungsförderung aktiv beteiligt sind und sich um ihre wissenschaftliche Begleitung verdient machen,

- für Vertreter der Kultusministerien und Schulverwaltungen, die Begabungsförderung und Begabungsforschung unterstützen,

- für Angehörige und Studenten von akademischen pädagogischen und psychologischen Ausbildungsstätten,

- für Vertreter der Industrie und der Wirtschaft sowie ihrer Verbände, insbesondere ihrer Bildungs- und Forschungsbereiche, die Begabungsförderung beabsichtigen, unterstützen oder betreiben.

Der Arbeitskreis gibt einen Rundbrief heraus, der unter der ISSN 1619-1420 erhältlich ist. Darin werden verschiedene aktuelle Beiträge zu Fragen der Begabungsforschung, Tagungsberichte, Rezensionen, Presseschau, Neuerscheinungen und interessante Projekte aus den Bundesländern gebracht.

4.2.7 Stiftung zur Förderung körperbehinderter Hochbegabter

Dies Stiftung hat ihren Sitz in Vaduz / Fürstentum Liechtenstein und bezweckt seit 24 Jahren die ideelle und materielle Unterstützung von körperbehinderten Personen, welche eine hohe Begabung intellektueller oder anderer Art besitzen, durch Förderung bei der Ergreifung bestehender Bildungsmöglichkeiten und Erschließung neuer Bildungswege. Um den Stiftungsauftrag erfüllen zu können, müssen unterschiedslos Sinnesbehinderungen und Körperbehinderungen in engerem Sinne berücksichtigt und Förderwege gesucht oder entwickelt werden.

Für hochbegabte Behinderte ist es schwer, während ihrer schulischen, beruflichen bzw. universitären Ausbildung die Realität des späteren beruflichen Umfeldes, etwa die Kommunikation mit Kollegen am Arbeitsplatz, zu erfassen. Sie stehen in Gefahr, die spätere Berufssituation nicht richtig einzuschätzen und einer Überforderung ihrer Leistungsfähigkeit zu erliegen. Behinderte kämpfen zwar oft gegen Fremdbestimmung, geben aber nicht zu, daß sie häufig überfordert wären, wenn sie sich selbst bestimmen würden. Selbstbestimmung, auch bei hochbegabten Behinderten, heißt: das Akzeptieren der eigenen Grenzen, zum Beispiel im kommunikativen Umgang mit anderen. Pädagogen werden in der Regel nicht hinreichend darauf vorbereitet, Begabungspotenziale bei schwerbehinderten Schülern zu entdecken, zu entwickeln und zu fördern, obwohl das Phänomen der Hochbegabung in der pädagogischen Diskussion heute stärker beachtet wird, als dies noch vor einigen Jahren der Fall war.

Es gilt, zu einem neuen Denkansatz gegenüber den Behinderten zu kommen, um insbesondere die Begabungsentfaltung bei Behinderten, die viel zu wenig gefördert wird, zu berücksichtigen, um damit eine echte Chancengleichheit und Integration in Familie, Beruf und Gesellschaft zu erreichen.

(Auszüge aus dem Artikel „Begabungsförderung bei Körper- und Sinnesbehinderung" von Michael Jäger. Veröffentlicht in: ABB e.V. Information Nr. 33/Januar 2001, Seite 20 f.)

4.2.8 Hochbegabtenförderung e. V.

mit Sitz in 44803 in Bochum, Am Pappelbusch 45, wurde von Frau Jutta Billhardt gegründet, die gleichzeitig Vorstand ist. In ihrem InfoBlatt ist unter der Zielsetzung des Verein vermerkt:

Die „Hochbegabtenförderung e. V." arbeitet gemeinnützig und nach wissenschaftlich anerkannten Kriterien. Der Verein will nicht nur ein Defizit im deutschen Bildungswesen ins öffentliche Bewußtsein rücken, die mangelnde Förderung hochbegabter Kinder, sondern tritt diesem Mißstand seit 1994 bundesweit mit einem breitgefächerten Förderangebot entgegen.

An zur Zeit 17 Standorten werden für rund 800 Kinder Kurse zu Themen wie zum Beispiel:

- Computer
- Astronomie
- Gedächtnistraining
- Biologie
- Lehrfirma
- Lerntechniken
- Architektur
- Chemie
- Japanisch

- Geowissenschaften
- Erfinden
- Mathematik in Englisch und Persisch
- Menschheits- und Kulturgeschichte u. v. a. m.

angeboten. Insgesamt werden rund 2000 Familien betreut. Der Verein hat zur Zeit Kontaktstellen in Berlin, München und Würzburg. Weitere sind geplant. Der eingetragene Verein Hochbegabtenförderung wird von Microsoft Deutschland GmbH unterstützt.

Weitere Informationen unter E-Mail: hbf@hbf-ev.de und Internet: www.hbf-ev.de

An dieser Stelle gebe ich ein Interview mit Frau Billhardt in gekürzter Form wieder:

Fleiß:

„Frau Billhardt, stellen Sie sich bitte kurz den Lesern vor.

Billhardt:

Beruflich komme ich aus einem selbständigen Wirtschaftsunternehmen, das ich 25 Jahre leitete. Nach der Geburt eines schwer geistig behinderten Kindes, das nicht überleben konnte, wurden ein bzw. vier Jahre später zwei gesunde Söhne geboren, die beide kurz vor der Einschulung durch einen Intelligenztest mit der Diagnose „hochbegabt" unser Leben entscheidend verändern sollten... Beide Söhne studieren heute erfolgreich im Ausland, USA und Japan, an EliteUniversitäten mit Stipendien des Auslands.

Fleiß:

Warum haben Sie den Verein „Hochbegabtenförderung e. V." gegründet?

Billhardt:

Mit den beiden hochbegabten Söhnen standen wir ziemlich verzweifelt ohne Hilfen sehr allein in der Gesellschaft. Finanziell haben wir uns fast ruiniert, um den Kindern die Fördermöglichkeiten auf privater Ebene zu ermöglichen, die es vor 20 Jahren gab... Dann habe ich 1994 den Verein gegründet, mit dem wesentlichen Unterschied zum Verein „Deutsche Gesellschaft für das hochbegabte Kind", dessen Bundesvorsitzende ich zwischen 1991 und 1994 war, daß ich als Voraussetzung für eine Fördermaßnahme eine Intelligenzdiagnose verlange. Da ich für einen Kursen für nachweislich hochbegabte und überdurchschnittlich begabte Kinder (ab IQ 120, Kopie des Intelligenztests erforderlich) einen von einem Diplompsychologen durchgeführten Intelligenztest verlange, wurde ich von vielen Seiten stark infrage gestellt. Sinn dieser Kurse war und ist, die Kinder wieder angstfrei denken zu lassen mit Themen, die in der Schule nicht angeboten werden und die aber für viele Kinder interessant sind. Die Gleichbefähigung unter den Kindern muß gewährleistet sein, damit sie Gedankensprünge der anderen auch verstehen und weiterführen können...

Fleiß:

Welche Erfahrungen haben Sie gemacht und welche Ratschläge geben Sie Eltern hochbegabter Kinder?

Billhardt:

Unser Verein ist inzwischen bekannt, insbesondere weil wir durch eine gezielte Öffentlichkeitsarbeit „Hochbegabung" in der Bildungspolitik zum Thema machten. Wir haben Kontaktstellen in vielen Teilen Deutschlands und bieten eine breite Palette an Themen an, die die Kinder gern annehmen.

Mein erster Ratschlag an die Eltern: „Laßt vor der Einschulung Eure Kinder testen, wenn nötig, auch auf eigene Kosten. Die schulische Begleitung der Kinder durch die Eltern ist einfach fundierter, wenn Eltern wissen, was von ihren Kindern gefodert werden kann!"

Weitere Ratschläge sind, den „Kampf" mit der Schule aufzunehmen, wenn Kinder aus Unterforderung heraus ihre Leistung verweigern – und die Hochbegabung des Kindes nicht als Bürde zu sehen.

Fleiß:

Was sollten Lehrer nach Ihrer Meinung im Unterricht beachten?

Billhardt:

Die Bereitschaft der Lehrer, sich mit Hochbegabung zu beschäftigen, ist noch sehr gering. Deshalb appelliere ich an sie, sich fortzubilden und notfalls Fortbildungsmaßnahmen über Hochbegabung auch auf eigene Kosten zu besuchen. Das ist auch im eigenen Interesse, denn so mancher Lehrer wurde durch das Verhalten eines hochbegabten Kindes an den Rand eines Nervenzusammenbruchs gebracht. Unwissenheit führt oft zu unüberbrückbaren Differenzen im Zusammenspiel zwischen Schule und Elternhaus auf Kosten des Kindes...

Fleiß:

Gibt es Forschungsvorhaben, die die HBF unterstützt?

Billhardt:

Wir haben das Projekt Hochbegabung und Rechtschreibschwäche an der Universität Münster ohne finanzielle Zuwendung erheblich unterstützt. Als nächstes Projekt wollen wir das Thema „Hochbegabung und Sport" in Angriff nehmen. Ein weiteres Projekt läuft zur Zeit in Bochum: Dort können Kinder in ca. 2 1/2 Jahren das Latinum im außerschulischen Bereich mit Prüfung des Kultusministeriums ablegen.

Fleiß:

Wie finden Sie geeignete Referenten für die Kurse?

Billhardt:

Jede Beratungsstelle in Deutschland, die Kurse organisiert, ist in der Wahl ihrer Referenten auf sich selbst gestellt. Inzwischen sind wir bundesweit eine sehr gute Mannschaft, und die Vielfalt unserer Kurse ist auch ein Beweis der Kreativität unserer Mitarbeiter. Wir alle stehen in ständiger Verbindung miteinander, besprechen Strategien und tauschen unsere Sorgen und Nöte aus. Jeder hat seinen eigenen Arbeitsstil und kann ihn einbringen, Experimente werden gemeinsam getragen, ausprobiert und bewertet, ohne daß die gemeinsame Linie verlassen wird.

Fleiß:

Welche Pläne haben Sie für die Zukunft?

Billhardt:

Unser Hauptziel, die Bildungspolitik entscheidend zum Wohl unserer Kinder zu verändern, kann nach acht Jahren noch nicht erreicht sein. Dieses Ziel streben wir weiterhin an. Wir müssen uns auch auf die Suche nach finanzieller Unterstützung machen. Erfreulicherweise haben wir inzwischen einen Sponsor gefunden. Schön wäre es, wenn Firmen vor Ort die jeweiligen Beratungsstellen mit den Kursangeboten unterstützen würden.

Wir möchten auch eine virtuelle Schule gründen, die sich überwiegend an die Kinder richten wird, die im öffentlichen Schulsystem immer noch nicht klar kommen, auch wenn Maßnahmen ergriffen worden sind. Das Patent für die virtuelle Schule habe ich schon sichern lassen. Das wird das nächste Standbein der HBF werden...

Fleiß: Vielen Dank für das Gespräch"!

4.2.9 Deutsche Gesellschaft für das hochbegabte Kind e. V. (DGhK)

1978 gegründet ist die DGhK ein Selbsthilfeverband, der die Interessen hochbegabter Kinder und Jugendlicher vertritt. Er ist in Regionalverbänden in der gesamten Bundesrepublik aktiv. Ihm gehören hauptsächlich betroffene Eltern an, aber auch Pädagogen, Psychologen und andere Interessierte.

In der Präambel der DGhK heißt es:

„Von hochbegabten Kindern wird im allgemeinen erwartet, dass sie sich ihren Anlagen gemäß ohne besondere erziehliche Maßnahmen entfalten. Eine solche Erwartung ist indessen als Regel nicht gerechtfertigt: Gerade das hochbegabte Kind, dessen intellektuelle Lernfähigkeit vielfach nicht voll beansprucht wird, bedarf in besonderer Weise der Anregung und Förderung wie auch der Geduld, Toleranz und Ermutigung, wenn es zu sich und seinen Fähigkeiten Vertrauen finden soll.

Die Förderung von hochbegabten Kindern soll bewirken, diese unabhängig von ihrer Herkunft und ihren eigenen Zielen in ihrer Individualität zu stärken und sie als psychisch stabile Individuen in die Gesellschaft zu integrieren, um sich deren Aufgaben und Verantwortungen verpflichtet zu fühlen".
Zu den hauptsächlichen Aktivitäten der DGhK zählen u. a.:

- Förderkurse für Kinder zu vielerlei Themen
- Elterngesprächskreise
- Referentenabende
- Camps und Exkursionen
- Anregung zu Forschungsprojekten.

Die DGhK bringt eine Zeitschrift heraus, „Labyrinth", die u. a. aktuelle Berichte aus den Regionalverbänden, aus der Bildungslandschaft, Forschungsprojekte, Buchbesprechungen, Veranstaltungskalender sowie Adressen des Verbandes bringt. Daneben können bei der DGhK einschlägige Forschungsberichte oder Ratgeber für Eltern, Lehrer und Erzieher abgerufen werden.
Weitere Informationen: www.dghk.de

4.2.10 Die Hochbegabten-Stiftung der Kreissparkasse Köln

Eine vorbildhafte Initiative zur Hochbegabtenförderung stammt von der Kreissparkasse Köln, die mit ihrer Hochbegabten-Stiftung die Bildung und Erziehung auf lokaler Ebene fördert. Ich hatte die Gelegenheit, mich mit dem Vorsitzenden des Kuratoriums der Hochbegabten-Stiftung und Vorsitzenden des Vorstandes der Kreissparkasse Köln, Hans-Peter Krämer, zu unterhalten und ihm einige Fragen zu stellen. Ich gebe das Interview etwas gekürzt wieder.

Fleiß:
„Was war der Anlaß für die Einrichtung dieser Stiftung?

Hans-Peter Krämer:

Seit Jahren wird in Deutschland über die Notwendigkeit einer Hochbegabten-Förderung diskutiert. Geschehen ist noch zu wenig. Aber wir müssen begreifen, daß wir im Zeitalter der Globalisierung nur wettbewerbsfähig sind, wenn wir in vielen Wissensbereichen über die „besten Köpfe" verfügen. Die Grundlage dazu wird in unseren Schulen geschaffen. Deshalb müssen besonders begabte junge Menschen auch ganz besonders gefördert – und das heißt: intellektuell herausgefordert werden. Mit unserer Hochbegabten-Stiftung von 5 Mio. DM Stiftungskapital wollen wir dazu einen konkreten Beitrag leisten. Wir unterstreichen damit unsere Bereitschaft, uns als Kreissparkasse Köln in einem wichtigen gesellschaftspolitischen Bereich zu engagieren. Insgesamt haben wir sieben Stiftungen mit einem gesamten Stiftungskapital von 75 Mio. DM ins Leben gerufen. Eine dieser Stiftungen ist zum Beispiel die Sozialstiftung mit einer kürzlich dotierten Zustiftung von 5 Mio. DM zur Unterstützung einer beruflichen Ausbildung junger schulisch benachteiligter Menschen. Fast 40 Jugendliche werden so jährlich gefördert, die ohne unsere Hilfe auf dem Arbeitsmarkt chancenlos geblieben wären. Also ein Engagement der Kreissparkasse Köln in zwei Richtungen: Förderung von Hochbegabten, Förderung von jungen Menschen, die bisher ohne Chance auf einen regulären Ausbildungsplatz waren.

Fleiß:

Sie haben in den letzten Monaten einige Projekte durchgeführt. Wo liegen nach Ihren Erfahrungen die größten Probleme für hochbegabte Kinder?

Hans-Peter Krämer:

Daß sie zu wenig erkannt, damit zu wenig herausgefordert, also gefördert werden. Das Erkennen einer Hochbegabung ist nicht ganz einfach. Mit bloßen IQ-Bewertungen kommt man heute dabei nicht weiter. Es geht also um die Frage: *Wer* soll und *wie* muß gefördert werden? Deshalb bieten wir den LehrerInnen Fortbildungsseminare an, um sie auf den Stand der neuesten wissenschaftlichen Erkenntnisse in der Begabungsforschung zu bringen. Wichtig ist natürlich auch ein hochdifferenzierter Unterricht; denn es ist klar, daß sich in den Klassen SchülerInnen mit sehr verschiedenen Begabungen, Fähigkeiten, Neigungen und Leistungskompetenzen befinden. In den bisher sehr erfolgreich durchgeführten Arbeitsgemeinschaften für Hochbegabte erhalten diese jungen Menschen eine hochqualifizierte Vertiefung in spezifische Wissensbereiche – von den Naturwissenschaften bis hin zur Philosophie –, an denen sie sich sozusagen „die Zähne ausbeißen" können.

Ich bin erfreut über die große Resonanz in der Schülerschaft und das enorme Engagement vieler, vieler Lehrerinnen und Lehrer für das gemeinsame Anliegen der Hochbegabten-Förderung.

Fleiß:

Sehen Sie eine Möglichkeit, Ihre Projekte auch bundesweit auszudehnen oder zumindest ein Signal für andere Institutionen, z. B. Banken, zu geben?

Hans-Peter Krämer:

Unsere Hochbegabten-Stiftung hat eine erstaunliche Resonanz in der Öffentlichkeit gefunden. Nur ein kleines Beispiel: Wir haben eine Dokumentation über unsere Stiftungskonzeption erstellt, die bundesweit geradezu reißenden Absatz findet. Ich hoffe, daß wir viele Nachahmer finden werden. Die Zeit dazu ist überreif. Im übrigen ist unsere Zusammenarbeit mit den Schulen, der Schulaufsicht, der Bezirksregierung vorzüglich. Kein Zweifel: Hier, in unserer Region der Gewährträger unserer Sparkasse, im Erftkreis, im RheinischBergischen Kreis und im Oberbergischen Kreis, haben wir einen bildungspolitischen Stein ins Rollen gebracht.

Fleiß:

Was halten die Kinder selbst von dieser Art der Förderung?

Hans-Peter Krämer:

Die sind begeistert. Wir haben mehr Anmeldungen für die Arbeitsgemeinschaften als wir überhaupt unterbringen können. Das Interesse ist übrigens bei den Eltern genauso groß. Unlängst schrieb mir ein Vater zu unseren Aktivitäten einen anerkennenden Brief. Er schließt mit dem Satz: 'Die Kreissparkasse Köln hat ein Herz für den Verstand junger Menschen.' Da kann ich nur sagen: Der Mann hat recht.

Fleiß:

Als Resümee Ihrer Arbeit bisher – welche Empfehlungen geben Sie der Wirtschaft? Was ist Ihre persönliche Botschaft an Lehrer und Eltern hochbegabter Kinder? Und an die Kinder?

Hans-Peter Krämer:

Zunächst die Botschaft: Konkretes Handeln ist ein Beitrag zur Lösung von Problemen und nicht deren theoretische Beschreibung. Wir müssen in Deutschland unsere Vorlieben, immer nur Fragen zu stellen, aufgeben und statt dessen Antworten geben. Die Herausforderungen durch eine zunehmende Wissensgesellschaft stellen sich für alle: Für den Staat, aber auch die gesellschaftlichen Kräfte. Meine Empfehlung an die Eltern: Fordern Sie höchste Leistungen in unserem Bildungssystem ein, die Lehrerinnen und Lehrer sind Ihnen dafür dankbar und Ihre Kinder allemal.

Und meine Empfehlungen an die Kinder und Jugendlichen – die ist genauso alt wie modern: Nicht für die Schule, sondern für das Leben lernen wir. Educatio heißt ja nichts anderes als: Befreiung aus der Unmündigkeit".

(Dieses Interwiew wurde 1999 geführt).

4.3 Förderungsbedürfnisse Hochbegabter

Die Frage ist nun zu stellen: Was wünschen sich Hochbegabte selbst an Förderung und an Fördermöglichkeiten?

Diese Frage ist nicht eindeutig zu beantworten. Es gibt Hochbegabte, die sich am liebsten selbst fördern: durch Bücher, durch gezielte Fragen und Gespräche mit Fachleuten, durch eigene Experimente oder durch Besuch bestimmter Einrichtungen (z. B. Planetarium, Ausgrabungsstätten, Museen). Dies alles leuchtet ein, wenn man das breite Interessenspektrum Hochbegabter sowie deren unterschiedliche Motivation bedenkt. Es gibt aber auch viele Hochbegabte – besonders Kinder – die gern in einer Gruppe Gleichbefähigter unter der Leitung einer kompetenten Person gefördert werden möchten. In Zusammenarbeit mit dem

Verein „Hochbegabtenförderung e. V." in Bochum habe ich Hochbegabte befragt, wie sie sich denn eine Förderung aus ihrer Sicht vorstellen. Hier zusammengefaßt die wichtigsten Aspekte. Hochbegabte wünschen sich

- Vermittlung sozialer Fähigkeiten durch gemeinsames Arbeiten, da die Vertiefung des Hochbegabten in eine Aufgabe zur sozialen Isolation führen kann.

- Kontakte zu anderen Hochbegabten, Erfahrungsaustausch, Gesprächstechniken, rhetorische Übungen, da Hochbegabung einsam machen kann und man verlernt, mit anderen zu sprechen.

- Vermittlung eines breiten Allgemeinwissens, da sich Hochbegabte zu sehr in Einzelprobleme und Spezialfächer vertiefen und den „Blick über den Tellerrand" dadurch verlieren können.

- Vermittlung von kritischem Denken, das in einer sich immer schneller verändernden Welt wichtiger ist denn je.

- Vermittlung von der Bedeutung und dem realistischen Nutzen der Arbeit. Denn kein Forscher, Wissenschaftler, Politiker etc. darf den Bezug zum Nutzen seiner Arbeit verlieren, das muß er schon früh lernen.

- Lernen, sein eigenes Potential sinnvoll einzusetzen.

Hochbegabte brauchen Herausforderungen, das gilt gleichermaßen für Kinder, Jugendliche wie für Erwachsene. Sie brauchen aber ebenso Förderung und Anerkennung ihrer Begabung und ihrer Leistung. Nicht jeder Hochbegabte kann seinen Weg selbst gehen, wie vielfach angenommen wird. Viele Hochbegabte sind auf die Unterstützung durch die Gesellschaft angewiesen.

Daß eine Gemeinschaft verschiedene Begabungen braucht, um existieren und sich entwickeln zu können, ist zweifelsfrei.

Neben politisch und wirtschaftlich motivierter Förderung gibt es auch die Förderung aus sozialen und ethischen Motiven. Hier steht im Vordergrund, daß jedes Individuum ein Recht auf eine ihm gemäße Bildung hat.

4. 4. Grundsätze zur Förderung Hochbegabter

In diesem Kapitel wurden einige Grundlagen für die Förderung Hochbegabter genannt – nämlich das Grundgesetz Artikel 2 Absatz 1 sowie einzelne Artikel von Landesverfassungen, Empfehlungen der Bund Länder Kommission (BLK) usw.. In letzteren findet man auch eine Reihe von Grundsätzen, wie eine Förderung auszusehen hat.

Es sollen hier einige wichtige Grundsätze als Zusammenfassung dieses Kapitels aufgeführt werden:

1. **Grundsatz: so früh wie möglich!** Hohe Begabungen zeigen sich schon frühzeitig und sollten durch erfahrene Diplompsychologen so früh wie möglich abgeklärt werden. Eine rechtzeitige gezielte Förderung sollte dann umgehend einsetzen. Den Lehrkräften in der Grundschule – und dies besonders in den unteren Klassen – kommt dabei eine wesentliche Rolle zu. Beispielsweise können sie durch eine Unterrichtsorganisation, die Individualisierung und offene Arbeitsweise zuläßt, auf die jeweiligen Stärken und Schwächen der Schüler, auch der hochbegabten, eingehen. Das frühzeitige Erkennen und rechtzeitige Fördern von Begabungen kann dem Kind schmerzvolle Erlebnisse ersparen!

2. **Grundsatz: Fehlentwicklungen vorbeugen!** Das frühzeitige Erkennen und gezielte Fördern von Hochbegabten hat das Ziel, Fehlentwicklungen, wie etwa Desinteresse und Lernunlust, mangelnder Erwerb von Lerntechniken, falsche Selbsteinschätzung und andere zu verhindern. Mögliche Fehlentwicklung können zu „Underachievement", Depressionen, somatischen Störungen, ja sogar zu Suizidversuchen führen.

3. **Grundsatz: Fördern als gemeinsames Handeln!** Alle an der Erziehung des Kindes Beteiligten – Eltern, Kindergärten, Lehrer – sollten in Fragen der Förderung eng zusammenarbeiten und wenn notwendig die Unterstützung durch Schulpsychologen, Jugendämter, Elterninitiativen, Beratungsstellen, Universitäten usw. in Anspruch nehmen.

Unterwegs auf den Philippinen ...

Ein Blick nach Asien zeigt zum Beispiel, daß besonders südostasiatische Länder bildungspolitisch durch ein hohes Niveau mathematischnaturwissenschaftlicher Schulerziehung, durch hohe Lernmotivation und –disziplin der Kinder und durch eine positive Einstellung der Bevölkerung zum Lernen und zur Schule auffallen. Es gibt auf den Philippinen eine Reihe von Schulen für „fast learners". Die Medien unterstützen die Maßnahmen der Hochbegabtenförderung – sei sie nun staatlich oder privat – in positiver Weise. In Verkaufspassagen, in „Discovery Centers" kann man offene Schulen für Kinder vorfinden, in denen sie in verschiedenen Fächern – insbesondere Mathematik nach der Kumon-Methode – von Lehrkräften betreut und unterrichtet werden. In Manila lernten wir auch die „Fingermathematik" kennen, eine auf dem Prinzip des Abacus basierende Methode, die es Kindern ermöglicht, ohne viel Anstrengung größere Zahlenkolonnen im Kopf zu addieren oder zu subtrahieren. Diese Methode wird im PARECOInstitut für ganzheitliche Hochbegabtenförderung gelehrt. Wir waren sehr erstaunt, als Mike, 4 Jahre alt, acht zweistellige Zahlen mit dieser Methode fehlerfrei addierte bzw. subtrahierte. Ein weiterer Besuch führte uns zu TAG (Talented and Gifted), einer Unterorganisation des WCGTC, geleitet von Frau Dr. Aurora Roldan. In ihrem Institut wird hoher Wert auf Lesen gelegt. „Lesen fördert das Denken, schnelles Lesen das schnelle Denken" ist ihre Theorie.

TEIL II – BERICHTE BETROFFENER

Einleitung: Was bedeutet es, hochbegabt zu sein? Erfahrungen, Ansichten, Lebensbilder, Selbstkonzepte Betroffener

In diesem Abschnitt kommen intellektuell Hochbegabte – Erwachsene wie Kinder – aus vielen Teilen der Welt zu Wort. Zum Teil sind es spontane Zuschriften an mich, Briefe, Bitten um Hilfestellung, Darstellung von Lebensbildern, zum Teil sind es auf meine Veranlassung hin verfaßte Gedanken und Erfahrungen. Jeder wurde um sein Einverständnis mit dem Abdrucken des jeweiligen Berichtes gebeten. Wenn es gewünscht wurde, wurde der Name anonymisiert. Wenn kein Ländername angegeben ist, handelt es sich um Beiträge aus Deutschland. Im allgemeinen werden die Beiträge in Originalschreibweise – wenn auch manchmal etwas gekürzt – wiedergegeben.

Die im folgenden geäußerten Ansichten, die dargestellten Erfahrungen, die vorgebrachten Wünsche und Kritiken sollen als ein Mosaik verstanden werden, aus welchem sich ein Bild zusammensetzen läßt, das uns einen Eindruck darüber verschafft, was es bedeuten kann, intellektuell hochbegabt zu sein. Einige Lebensberichte sind von denen Normalbegabter nicht sehr verschieden, andere wieder zeigen deutlich die Isolation und die Einsamkeit Hochbegabter, die sich von ihrer Umgebung nicht verstanden fühlen.

Viele Beiträge befassen sich mit Erlebnissen in der Schulzeit. Für viele Hochbegabte war diese Zeit, wie man in ihren Berichten lesen kann, keine schöne Zeit. Auch der Umgang mit anderen Menschen – sei es mit Mitschülern, Kindern, aber auch mit Erwachsenen, Lehrern, Eltern, Erziehungsberechtigten, oder später mit Freunden und Partnern –, war bzw. ist nach den Berichten Hochbegabter nicht immer ohne Probleme. Einige hatten das Glück, selbst intelligente Freunde

(„man erkennt einander", „man zieht sich wie ein Magnet an") oder einen hochbegabten Partner zu finden.

Das weite Feld der Beanspruchungen im Beruf, der Sozialkontakte auch im privaten Kreis sowie Lebensplanungen oder Lebensziele läßt sich aus den Beiträgen oft nur indirekt erschließen. Vielfach finden sich Hochbegabte im Beruf – wenn es denn ihr Traumberuf ist – relativ gut zurecht, wie es das Beispiel von Dr. Ernest Mainzer, 91 Jahre, Arzt, zeigt. Wenn jedoch der Beruf verfehlt wird oder es aus welchen Gründen auch immer zu keinem Berufsabschluß kommt, dann leiden Hochbegabte wie Normalbegabte unter den Belastungen. Depressionen und Selbstmordversuche sind mir persönlich bekannt.

Was bedeutet es also, hochbegabt zu sein? Lassen wir nun Betroffene zu Worte kommen:

Frau F., Mutter eines hochbegabten Jungen

Christian ist vor 9 Jahren unter großem Sauerstoffmangel zur Welt gekommen.

Christian hat in der Schule massive Probleme. Der behandelnde Arzt meint, seine Probleme im Unterricht sind auf einen Mangel an Respekt vor Erwachsenen im allgemeinen zurückzuführen. Er glaubt, daß Christian in der Schule sich keine Mühe gibt, weil er denkt, er brauche nicht zu tun, was die Lehrerin von ihm erwartet. Ich hätte blinde Flecken, wenn ich annehme, seine Schulprobleme stehen im Zusammenhang mit Langeweile, die ihn abschweifen und träumen läßt. Christian ist es in seinem ganzen Leben furchtbar langweilig. Er braucht ständig andere Kinder zum Spielen oder hat regelrechte „Kaufrausche", denen ich selbstverständlich nicht nachgebe. Interessenmäßig hat er sich schon lange aus der Schule entfernt. Er liebt es, sich mit Zeichnen, Computerspielen und phantasievollen Rollenspielen in Legowelten mit Freunden oder seinem Bruder zu beschäftigen.

Christian durchschaut soziale Situationen perfekt und spielt für jeden das, womit er glaubt, am Besten zu fahren.

Die Erwachsenen (incl. Lehrerin) gehen vor ihm zurück und lassen ihn gewähren wobei er sich schulisch gesehen um Kopf und Kragen bringt. Wie kann man über ein 9jähriges Kind sagen: „Er sitzt da hinten, er kritzelt den ganzen Tag und hört mir gar nicht zu!", ohne sich um Änderung der Tatsachen zu bemühen?

Schule ist Christian von Anfang an unheimlich lästig. Er versucht zu fliehen, hat morgens oft Kopf-, Bauch- und Halsschmerzen. Somatisch oder erfunden?

Mit dem Erlernen von Lesen, Schreiben und Rechnen hat er eigentlich kein Problem. Aber er ist wahnsinnig unkonzentriert und abgelenkt, so daß er sehr viele Fehler macht. Ergotherapeutische und Rechtschreibebefundung haben gute bis sehr gute Ergebnisse gezeigt. Diktat noch 5 und 6, Mathearbeit jetzt auch 4. Sein Zeugnis hat sich nicht als Anreiz sondern niederschmetternd erwiesen.

Sein Bruder Alex und Chris sind sehr selbstbestimmt, sehr kritisch gegenüber Autoritäten. Sie führen keine Befehle einfach aus. Wer sich inkonsequent verhält, wird entlarvt und verliert seine Autorität.

Der Vater hat wenig Verständnis für seine Söhne und hat oft versucht, die beiden mit Gewalt anzupassen, zu zwingen zu tun, was er will. Mein Mann ist 56 Jahre alt und sehr streng erzogen. Mit Prügeln gezwungen, das zu tun, was Oma, Opa, Vater und Mutter verlangten. Seine Schwester ist 10 Jahre jünger als er. Er ist sozusagen als Einzelkind aufgewachsen. Ich habe einen älteren Bruder, der als Kind exakt so war wie Alex: unsportlich, außenseiterisch, altklug usw. Mein Vater, ein promovierter Latein- und Altgriechischlehrer und Philosoph – seine Mutter mußte ihm mehrfach seine Schülerkarriere retten. Niemand hatte uns, seinen Kindern, Dummheit unterstellt, wir gingen alle aufs Gymnasium. Ich bin zur Zeit Küchenhilfe. Mein Bruder (der ältere ist erfolgreicher Kaufmann) ist Akademiker. Die einzige Schwester meines Mannes ist promovierte Theologin. Die Tochter meines Mannes aus erster Ehe ist Juristin.

Ich bin zur Zeit ziemlich fertig wegen meiner Kinder und versuche mich durch Sport abzulenken. Ich liebe meine Kinder und sie lieben mich. Ich habe das Jugendamt um Hilfe gebeten – statt dessen wirft man mir vor, ich könnte meinen Kindern keine Grenzen setzen.

Hochbegabt oder nicht – ich brauche eine Schule bzw. Lehrer, die mit meinen Söhnen klar kommen. Es muß doch jemanden geben, der von diesen Kindern eine ausreichende Leistung bekommen kann – denn was soll denn ohne Schulabschluß aus ihnen werden?

Georgi, 7 Jahre, Deutsch-Grieche

Meine Traumschule

Meine Traumschule ist ein schönes, großes Gebäude mit 50 Zimmern. Die Klassenzimmer sind groß und Kunstwerke hängen an den Wänden. Die Lehrer sollten nicht allzu streng sein. Es sollen höchstens 20 Kinder pro Klasse sein. Der Schulhof muß extrem groß sein. Die Fächer Chemie und Physik müßten ab der 5. Klasse unterrichtet werden. Außerdem möchte ich sofort Prozentrechnungen lernen. In Mathe müßten wir ganz viel Geometrie und Bruchrechnungen machen. In Kunst sollte uns ein richtiger Künstler unterrichten. Auch Museumsbesuche und Ausflüge sollten dabei sein. Ich möchte, daß wir dann gute Bücher, wie z. B. „Goethe's Faust" oder Werke von Sheaksbier lesen. Schreiben sollten wir auslassen. Das wäre meine Traumschule.

(Text und Rechtschreibung im Original!)

Georgi war mit 7 Jahren der jüngste Teilnehmer am Wettbewerb „Jugend forscht". Er reichte eine Arbeit aus dem Fachgebiet Biologie ein unter dem Titel „Wasser – Der Kreislauf des Regentröpfchens". Die Zeitung (Gießener Anzeiger) berichtete u. a. über ihn:

„...Ein kleiner Ökologiekasten brachte den Dreikäsehoch auf die Idee, an dem Wettbewerb teilzunehmen...Mit viel Liebe und Akribie hat der pfiffige Siebenjährige aufgezeigt, was mit den Bäumen passiert, wenn der Regen sauer ist...Der Junge geht mit 7 Jahren in die vierte Klasse, spielt Klavier und Geige..."

Seine Mutter schreibt mir:

Liebe Frau Dr. Fleiß,

ich habe mich gefreut, daß es Ihnen wieder gut geht!

Wie versprochen sende ich Ihnen die Unterlagen zum Wettbewerb und seine schriftliche Arbeit für „Schüler experimentieren" zu. Er hat einen Kosmos-Kasten „Solar-Energie" und ein Jahresabo der Zeitschrift Treff gewonnen, da er für sein Alter eine hervorragende Leistung – wie der Leiter es schildert – gebracht hat. Es hat ihn sehr angespornt und nächstes Jahr hat er sich vorgenommen, sogar mit 2 bis 3 Themen dort teilzunehmen.

Zur Zeit beschäftigt er sich sehr viel mit dem Konstruieren von „Stromanlagen", dafür verwendet er Isolierdrähte, verschiedene Batterien, Lämpchen, Knete zum Befestigen und Alufolie, um Kontakte herzustellen. Er ist der Meinung, die Schule würde ihm die Zeit zum richtigen Lernen wegnehmen. Ganz allein hat er sich im letzten Jahr noch einen Teil Hieroglyphen beigebracht. Jetzt kann er Deutsch, Griechisch, Englisch und etwas für mich Undefinierbares (Hieroglyphen) lesen.

In der Schule hat er jetzt (nachdem er nicht mehr nur Einsen und Zweien schreibt) auch ein paar Freunde, und wenn ich ihn frage, auf was er am meisten stolz ist, antwortet er, daß so ein Kind wie er auch Freunde hat, ja, darauf ist er am meisten stolz. Noten sind ihm nach seiner Äußerung „Wurst", daß er sowieso mehr weiß und kann, steht für ihn und Gott sei Dank auch für seine Lehrerin fest. Das Schlimme für ihn ist, daß er den Stoff, der in der Grundschule gelehrt wird, sich schon vorher angeeignet hatte, und das ohne zu büffeln. Sein Desinteresse am Stoff zeigt sich meiner Meinung nach auch schon an seinem Schriftbild. Er schrieb vor 2 Jahren schöner und ordentlicher als jetzt. Georgi erwartet jetzt hoffnungsfroh, daß es im Gymnasium vielleicht etwas zu lernen gibt, aber ich fürchte, daß er dort auch nicht genug bekommen wird. Wenn er nicht seine Instrumente hätte (er musiziert täglich bis zu 2 Stunden), wäre alles wahrscheinlich noch viel schlimmer. Das Musikstudium (Frühstudium) wird er erst einmal nicht anfangen, da er dann noch mehr musizieren müßte... Was mich in letzter Zeit an ihm nervt, ist sein total kindisches Verhalten. Wenn ich ihn aber darauf anspreche, antwortet er mir: „Mama, vergiß nicht, ich bin ja noch ein Kind von 7 Jahren, nur mein Gehirn ist das eines 13jährigen. Wenn ich mich danach benehmen würde, dann würde ich für die Umwelt wirklich wie ein komischer Kauz wirken".

Einmal sagte er zu mir: „Wir Hochbegabten sind vielleicht so wie in mehreren Jahren alle sein werden. Es ist eine Mutation, Mama. Die Menschen werden immer schlauer!"

So, jetzt habe ich genug erzählt und Sie können sich der vielen Schreibfehler wegen etwas amüsieren... Mit vielen Grüßen...

Nachschrift: ein weiterer Brief der Mutter:

Liebe Frau Dr. Fleiß,

wir haben ein schlimmes Jahr hinter uns gebracht. Auf dem Gymnasium sind die meisten Lehrer sehr negativ auf Georgi zu sprechen. „Wie kann nur ein 8jähriger in unserem Gymnasium sein?" Der Bio- und Erdkundelehrer beschwerte sich schon nach zwei Wochen, wie unruhig und unmöglich das Kind sei, daß er ständig in den Unterricht hineinrief. Man müßte ihn einzeln unterrichten. Der Lehrer meckerte nur noch mit ihm, ließ ihn die 7. Stunde nachsitzen, weil er im Biobuch schon weitergelesen hatte. Als sich Georgi beschwerte, er sei bereit eine Strafarbeit zu machen in Form eines schriftlichen Referates über die Photosynthese, blamierte ihn der Lehrer vor der ganzen Klasse „Bei Deiner Schrift! Du solltest lieber Tische schrubben oder ein sinnloses Gedicht lernen..." Das Beste aber war, daß er ihm verbot, Fachausdrücke zu gebrauchen. Georgi sagte zum Beispiel „Alveolen" statt „Lungenbläschen". Dazu kam noch, daß er in Mathe eine Lehrerin bekam, die aus Tschechien stammt und er ab und zu ihr Deutsch verbesserte. Sie schüchterte ihn so ein – er hatte vor jeder Mathearbeit solche Angst, daß er die ganze Nacht nicht schlafen konnte.

Ab diesem Sommer geht er auf ein Gymnasium mit G8 Zweig. Dort hat er eine tolle Klassenlehrerin, die er in Mathe und Bio hat (seine Leistungen bei ihr sind gut). Leider mag ihn hier die Englischlehrerin nicht besonders, aber ich hoffe, daß alles gut geht.

E. K., Mutter eines hochbegabten Jungen:

Ich habe alte Fotos, Videos und Unterlagen, die unser Sohn geschrieben hat, durchgesehen und möchte Ihnen über ihn berichten:

Als 10 Monate altes Kind sah er allein Bilderbücher an. Mit 11 Monaten sprach er sein erstes Wort. Mit 17 Monaten sprach er 3-5 Wortsätze. Als 1 1/2-Jähriger kannte er alle Buchstaben des Alphabets und die Zahlen von 1 bis 9. In diesem Alter unterschied er verschiedene Schmetterlinge, Bäume, Pilze und Automarken. Er war noch nicht ganz 2 Jahre alt, als er Didacta-Puzzles mit ca. 45 Teilen richtig zusammenfügte. Auch konnte er viele Kindergedichte, -sprüche, -lieder...

Er schrieb mit 2 Jahren und 10 Monaten seine ersten Wörter. Bis dahin hatte er nur Buchstaben und Zahlen geschrieben. Als Dreijähriger konnte er lesen und rechnen von 1 bis 20. Rechts und links hat er zu dieser Zeit ebenfalls unterscheiden können. Mit 3 Jahren und 4 Monaten schrieb er auf der Schreibmaschine und rechnete mit Zahlen über 1000. Als 3 1/2jähriger kannte er fast alle Dinosaurier mit Namen. Mit 3 Jahren und 11 Monaten schrieb er einen Wunschbrief an den Nikolaus. Seit seinem 3. Lebensjahr baute er Technic-Lego-Modelle (für über 14-Jährige).

Mit 5 Jahren hatte er mindestens das Können der ersten Grundschulklasse; mit 6 Jahren hatte er das Wissen der 3. Klasse und zum Teil der 4. Klasse.

Während der Grundschulzeit übersprang er zwei Klassen.

Zur Zeit ist er ohne viel Vorbereitung der Beste in der 4. Klasse. Nur im technischen Werken, Kunsterziehung und Sport ist seine Entwicklung altersentsprechend...

Er hat 2 Freunde, mit denen er für ca. 2 Stunden pro Woche spielt. Längere Zeit kann und will er nicht mit ihnen verbringen. Er ist bestimmend, und seine Freunde müssen das tun, was er will. Wenn sie nicht mitmachen, dann will er nicht mehr mit ihnen spielen. Er baut sehr gerne allein und spielt auch gerne mit Erwachsenen. Die Spielzeuge entfremdet er ihrer ursprünglichen Bestimmung und baut z. B. Maschinen daraus. Er liest mit Vorliebe Witzbücher und Comics, auch öfters dieselben, die er dann auch auswendig kann. Zu jeder Gelegenheit erzählt er einen passenden Witz. Jeden Abend liest er ca. 2 Stunden, dann will er zum Einschlafen ein Märchen erzählt bekommen.

Sein Klassenlehrer hat es auch nicht leicht mit ihm. Er hat ständig Fragen, ist bei Tests und Aufgaben immer gleich fertig. Er braucht immer eine Zusatzbeschäftigung. In der Schule bleibt er ein Fremdkörper und somit ein Einzelgänger. Er lebt in einer anderen Welt als die anderen Kinder, z. B. in der Pause im Schulhof marschiert er alleine auf und ab, kann nicht mit den anderen Kindern spielen.

Um all die Frustrationen zu bewältigen, braucht er besonders viel Liebe. Unserer Meinung nach ist er trotzdem ausgeglichen, und fühlt sich zu Hause am wohlsten...

S. M., Mutter eines hochbegabten Mädchens:

(Auszüge aus einem Brief und Wiedergabe des Berichtes)

Sehr geehrte Frau Dr. Fleiß,

mit großem Interesse habe ich erfahren, daß Sie an einem Buch über Hochbegabung schreiben. Ich möchte Ihnen einen aktualisierten Bericht über meine Tochter Lisa zusenden, den ich seinerzeit für das „Labyrinth" der Deutsche Gesellschaft für das hochbegabte Kind e. V. geschrieben habe. Vielleicht ist es ja für Sie interessant zu erfahren, wie es einem Kind, das zweimal gesprungen ist, in der Bundesrepublik geht. Für weitere Informationen stehe ich Ihnen selbstverständlich zur Verfügung.

Mit freundlichen Grüßen, ...

Lisa, 9 Jahre

Ich habe insgesamt 3 Kinder im Alter von 4 – 13 Jahren. Daß Lisa etwas anders war als andere Kinder, merkte ich, als sie gerade 6 Wochen alt war. In einem Alter, in dem Säuglinge üblicherweise gerade lächeln gelernt haben, zog sie augenscheinlich bewußt Grimassen, um ihren großen Bruder zum Lachen zu bewegen. In der Folgezeit beobachtete ich ein außergewöhnlich großes Interesse an ihrer Umwelt, die sie so schnell und intensiv wie möglich kennenlernen wollte. Entwicklungsschritte, wie Krabbeln, Laufen und insbesondere ihre Sprachentwicklung ging dermaßen früh und obendrein rasant vor sich, daß ich aus dem Staunen nicht mehr herauskam. Mit 1 1/2 Jahren sprach sie fließend in ausdrucksstarken Sätzen vergleichbar einem Kindergartenkind. Mit 2 3/4 Jahren kam Lisa in den Kindergarten, weil ich wieder arbeiten wollte. Glücklicherweise kam sie in eine Gruppe mit 5-Jährigen, da nur dort ein freier Platz vorhanden war. Sie fühlte sich dort pudelwohl und hatte keine Kontaktschwierigkeiten mit den anderen Gruppenmitgliedern. Damals wußte ich noch nicht, daß Lisa hochbegabt ist; ich habe erst im Nachhinein erkannt, daß diese Kindergartengruppe das Richtige für sie war.

Die ersten Schwierigkeiten traten auf, als sie nach einem Jahr in die ihr altersgemäße Gruppe wechselte. Sie wurde unleidlich, machte nicht mehr mit und wurde zunehmend aggressiv. Ich konnte mir damals nicht erklären, warum sie auf einmal ein derart konträres Verhalten an den Tag legte. Lisa wurde mehr und mehr gebremst. Die Dinge, die sie interessierten, nämlich die Arbeitsbögen für die Vorschulkinder, wurden ihr verweigert mit dem Hinweis, daß sie diese ja in zwei Jahren auch bekommen würde, sie wäre noch zu klein für so etwas und sollte lieber spielen. Im häuslichen Bereich brachte sie sich im Gegenzug gerade, mehr oder weniger unbemerkt von uns Eltern, das Lesen bei. Aus einzelnen gelesenen Worten wurden schließlich ganze Sätze, und im Alter von 5 Jahren dann unbekannte Texte. Auch das Rechnen beherrschte sie zunehmend. So rechnete sie mir bereits mit 4 Jahren beim Einkaufen die Preisdifferenzen zwischen den verschiedenen Produkten aus, und war regelmäßig empört, wenn ich nicht preiswert einkaufte. Mittlerweile dämmerte mir zumindestens, daß der Begriff „Hochbegabung" auch auf meine Tochter zutreffen könnte. Zu diesem Zeitpunkt war ich jedoch, nicht zuletzt von Anfeindungen anderer Eltern bzw. Kindergärtnerinnen, derart verunsichert, daß ich diesen Gedanken in letzter Konsequenz immer wieder „wegpackte". Aufgrund immer stärker werdender Verhaltens- und letztlich auch Persönlichkeitsveränderungen beschloß ich schließlich, sie vorzeitig einschulen zu lassen, ihre Wutausbrüche im Kindergarten und zu Hause waren kaum noch zu ertragen. Dieses ständig extrem fordernde und auf der anderen Seite aggressive und nervige Kind, zu dem Lisa inzwischen geworden war, mußte, das war mir klar, neue Anforderungen bekommen. Dieses erhofften wir uns von der Schule. Aber welch ein Trugschluß! Nach einigen Wochen relativer Ruhe nach der Einschulung ging das ganze Theater von vorne los. Die Anrufe von der Lehrerin bei uns zuhause häuften sich. Leistungsmäßig war Lisa den anderen weit voraus. Ihr „Sozialverhalten" wurde als „noch nicht schulreif" bezeichnet. Sie schaffte es regelmäßig, durch massive Störungen den Unterricht zum Erliegen zu bringen. Die Lehrerin stand dem völlig hilflos gegenüber. Gleichzeitig wurde eine besondere Begabung Lisas von ihr heftig negiert. Dies führte schließlich dazu, daß Lisa nach den Herbstferien aufgrund „mangelnder sozialer Reife" gegen meinen Willen wieder ausgeschult und in den Schulkindergarten gesteckt wurde. Heute weiß ich, daß sie mit ihrem damaligen Verhalten massiv gegen die permanente Unterforderung rebelliert hat. Dieses eine Jahr im Schulkindergarten war für alle Beteiligten, insbesondere für Lisa, eine einzige Qual. Sie hatte aus der ganzen Geschichte inzwischen gelernt, daß ihre Denkfähigkeit nur zu Negativem führte und lehnte sich selbst mehr und mehr ab. Depressionen waren die Folge, Gespräche mit Kinderpsychologen, die ich in dieser Zeit führte, verliefen fruchtlos.

Im Sommer 1991 schließlich wurde Lisa ganz regulär noch einmal eingeschult. Sie versuchte in der ersten Zeit, auf gar keinen Fall in irgendeiner Weise aufzufallen. So rechnete das Kind, das mit 4 Jahren bereits im Tausenderbereich sicher im Kopf zu rechnen imstande war, 3 + 3 an einer Zahlenkette ab. Lisa hatte jedoch das Glück, diesmal eine Lehrerin bekommen zu haben, die sehr schnell eine mögliche Hochbegabung bei ihr vermutete und mich darauf ansprach.

Ich hatte inzwischen auch Kontakt zur Deutschen Gesellschaft für das hochbegabte Kind aufgenommen und verstand nach einem mehrstündgen Gespräch endlich, was mit meiner Tochter los sein könnte. In der Folge ging die Entwicklung Schlag auf Schlag. Ich stellte Lisa bei einer Beratungsstelle für Hochbegabte in Kiel vor (gibt es inzwischen leider nicht mehr), wo sie schließlich auch getestet wurde. Bei diesem Test kam heraus, daß sie einen extrem hohen IQ-Wert hat und weitere Schritte dringend angezeigt waren. Gestärkt auch in meinem Selbstbewußtsein strebte ich daraufhin ein Überspringen der zweiten Klasse an. Dies gestaltete sich für uns, sehr erstaunlich, problemlos, weil die Schule aufgrund des von neutraler Seite erstellten Gutachtens eine Kehrtwendung vollzog und nun endlich mit uns an einem Strang zog. Das häufig geäußerte Argument der Schule, daß übertriebener elterlicher Ehrgeiz der Grund für unseren Wunsch nach einem angemessenen Lehrangebot sein konnte, wurde schlagartig fallen gelassen.

Das Überspringen verlief ohne Schwierigkeiten, so daß Lisa seit dem Sommer 1992 in der 3. Grundschulklasse unterrichtet wurde. Schon bald zeigte sich, daß auch diese Maßnahme allein nicht ausreichte. Extrabögen verweigerte sie, weil sie innerhalb der Klasse keine Sonderrolle einnehmen wollte, die Bögen, die der

Rest der Klasse bearbeitete, langweilten sie, weil sie den Stoff längst beherrschte. Ein halbes Jahr hat Lisa dies mitgemacht. Seitdem kam von ihr immer häufiger der Wunsch, auch die 4. Klasse zu überspringen, damit sie nach den Sommerferien aufs Gymnasium wechseln könne. Dies ist mittlerweile geschehen, zu dem beiderseitigen Erstaunen der Lehrer wie auch Eltern, unproblematisch. Lisa ist anerkannt in der Klassengemeinschaft. Schwierigkeiten hat sie allerdings mit der Tatsache, daß auch auf dem Gymnasium, oder vielleicht sogar insbesondere dort, der Unterricht hauptsächlich aus dem Lernen und Wiederholen vorgegebener Lerninhalte besteht, und weniger neue Ideen gefragt sind.

Trotzdem würde ich diesen Weg immer wieder gehen, und ich bin zuversichtlich, daß Lisas Schule bzw. Lehrer mit der Zeit auch diesem Kind gerecht werden können.

Dr. R. C., hochbegabt und Vater hochbegabter Kinder

Sehr geehrte Frau Dr. Fleiß,

Ihr Thema zum Buch bewegte mich und bewegt mich immer noch, deshalb möchte ich gern aus meiner Sicht etwas beitragen:

3 Kinder haben das Abitur, einer hat noch 5 Jahre vor sich. Ich kann also wohl etwas mitreden, möchte aber nur einige Stichworte geben und das auch hier nur auf die Schnelle, je länger man mit diesem Thema lebt, desto mehr fällt einem zu diesem Thema ein.

Also: Das Schlimmste ist der soziale Druck der Mitschüler, die alles nach unten nivellieren wollen und jeglichen Ehrgeiz und jegliche Lernwilligkeit frühzeitig ersticken. Es ist für die Jugendlichen sehr schwer, ein Außenseiter zu sein, zumindest auf einem unpopulären Gebiet, wenn er von einer Idee besessen ist. Stichwort: Abgedreht.

Das zweite: Unser Schulsystem läßt keine überragenden Leistungen zu, es ist auf den Durchschnittsschüler zugeschnitten. Die besseren Klugen sind unterfordert, stören den Unterrichtsverlauf, werden kaltgestellt, langweilen sich. Was bleibt ihnen anders übrig als durch Querdenken oder Stören den Lehrer zu ärgern? Deshalb sind sie auch bei Lehrern unbeliebt.

Interessant wäre die Frage, ob Hochbegabte mehr psychische Probleme haben als andere Leute, vielleicht sekundär durch die Umwelt bedingt.

Dies also in Kürze.

Ach noch was: Gibt es Literatur über Behinderte, die große Leistungen vollbracht haben, die ihr Handicap kompensiert haben?

Homer, Demosthenes, Hawkins etc..

Mit herzlichen Grüßen,

Ihr ...

Martina Lasar, Hauptschullehrerin, Österreich

Liebe Frau Dr. Fleiß,

ich bin Lehrerin an einer kleinen Hauptschule im Waldviertel (Niederösterreich) und selbst hochbegabt. Ich möchte meine Erfahrungen aus dem Schulalltag und meine Ansichten und praktischen Erfahrungen über Hochbegabung und Hochbegabte gern mit vielen Betroffenen teilen, die Ihr Buch lesen. Ich finde es sehr gut, daß Sie auch einmal eine Lehrerin zu Worte kommen lassen. Als selbst hochbegabt sehe ich zunehmend mehr Probleme bei hochbegabten Kindern, deren Hochbegabung nicht erkannt wird und die deshalb nicht entsprechend ihren Fähigkeiten gefordert und gefördert werden.

Ich habe die ECHA-Ausbildung noch nicht ganz abgeschlossen, werde aber voraussichtlich im November 2002 mein Diplom erhalten.

An unserer Schule sind wir mit hochbegabten Kindern zwar nicht gesegnet, aber sie kommen einem doch immer wieder unter. Derzeit betreue ich für meine Diplomarbeit ein Projekt mit 4 Mädchen und einem „Quotenmann". Ein Mädchen ist höchst auffällig. Sie ist mir für die Betreuung irrsinnig dankbar. Ich weiß aus eigener leidvoller Erfahrung, wie grässlich langweilig es ist, dem normalen Regelunterricht folgen zu müssen, wenn man selbst total gute Ideen hätte und auch sein Hirnkastl gern ein bissl anstrengen möchte! Ich stehe in sehr gutem Kontakt mit den Eltern und habe ihnen vorgeschlagen, besagtes Mädchen bei der Schulpsychologin auf Hochbegabung testen zu lassen, vor allem, weil es mich selbst interessiert, ob ich mit meiner Vermutung richtig liege. Ich habe mir auch vorgenommen, dieses Mädchen so weit es möglich ist, zu betreuen, (sozusagen zu „coachen") auch nachdem sie unsere Schule verlassen hat.

In meiner Schule habe ich einmal ein Referat über Hochbegabung gehalten – ich war erschüttert, wie viele Vorurteile da unter den Lehrern kursieren – da kommt noch einiges an Pionierarbeit auf mich zu!

Ich möchte nächstes Jahr einmal für die Lehrer des gesamten Schulbezirks eine Fortbildungsveranstaltung über Hochbegabung machen, denn offenbar ist das Wissen darüber noch sehr gering. So wie es im Moment aussieht, gibt es derzeit kaum finanzielle Mittel für den Einsatz von Beratungs- und Betreuungslehrern, aber das kann sich ja auch wieder ändern. Das zweite Problem ist das Reizwort der „inneren Differenzierung". Hier sind Lehrer einfach überfordert, wenn sie für verschiedene Typen von Schülern verschiedene Anforderungen stellen sollen (das bedeutet einen ungeheuren Mehraufwand an Vorbereitung).

Nun möchte ich stichwortartig einige wichtige Punkte aus meinem beruflichen Alltag nennen:

- Einige Lehrer aus meiner Schule haben puncto Hochbegabung ziemliche Vorurteile (die altbekannte Vorstellung vom weltfremden Wissenschaftler) – man müsse die erst „runterholen" (von wo?) und ihnen sozusagen den Bezug zur realen Welt klarmachen; viele könnten sozusagen nicht einmal den sprichwörtlichen Nagel in die Wand schlagen...

- Viele Lehrer haben keine oder kaum Erfahrung mit der Tatsache, dass es Hochbegabung überhaupt gibt und was das eigentlich genau ist, geschweige denn können sie mit Hochbegabung umgehen oder haben eine Ahnung davon, dass und wie man Hochbegabte fördern kann/sollte.

- Aber selbst für Lehrer, die sich ziemlich engagieren würden, fehlt es an Material und Zeit, um Schüler je nach der einzelnen Begabung fördern zu können. In einer „normalen" Klasse mit 25-30 Schülern sitzt (zumindest bei uns sehr oft) der Querschnitt von „fast sonderschulreif" bis (möglicherweise) „hochbegabt" – das würde pro Stunde eine drei und mehrfache Vorbereitungsarbeit bedeuten. Und ein Lehrer, der sich ohnehin sorgfältig vorbereitet, braucht für eine Unterrichtsstunde oft schon eine Stunde Vorbereitungsarbeit.

- Ein weiteres Problem mit der individuellen Förderung ist die Beurteilung/die Korrektur von Schülerarbeiten. Dazu wünschenswert wäre z. B. erstens ein Pool mit Aufgaben speziell für Hochbegabte, und wenn eine Schule nicht gerade mit Computern in Klassenstärke gesegnet ist, mehr Material mit Möglichkeit einer effizienten Kontrolle (Selbstkontrolle).

- Verwaltungstechnisch liegt das Problem bei fehlenden Stunden. Seit bei uns eisern gespart wird, wird auch versucht, in den Schulen möglichst viele Lehrerstunden einzusparen, d. h., dass Beratungs und Betreuungslehrer in nächster Zeit wahrscheinlich eher für den Regelunterricht eingesetzt werden, als für die individuelle Betreuung lernschwacher Kinder, zur Sprachheilbetreuung usw. Die Absolventen von ECHA hängen derzeit genauso in der Luft, weil sie nicht wissen, ob sie zur Betreuung hochbegabter Kinder einige Stunden zur Verfügung gestellt bekommen. Ein Lehrer, der in einer Stunde 24 Kinder (besser 40, wie es der Wunsch einiger Politiker ist) unterrichten muß, arbeitet natürlich „effizienter" als einer, der womöglich nur ein oder zwei Kinder betreut...

Ich werde mich nächstes Jahr zumindest in meinem Schulbezirk um Information der Leiter und Lehrer bemühen (Lehrerfortbildung). In Absprache mit dem für mich zuständigen Bezirksschulinspektor, der dem Thema gegenüber eher aufgeschlossen ist, aber fehlende Lehrerstunden auch nicht herbeizaubern kann, werde ich zunächst einmal ein Referat bei einer Leiterkonferenz halten und später eine Lehrerfortbildungsveranstaltung. Ich möchte mich vorerst auf Volksschulkinder konzentrieren, denn da ist die Wahrscheinlichkeit größer, sie anzutreffen und ihre Schullaufbahn positiv beeinflussen zu können. Genauso möchte ich mir Gedanken darüber machen, wie man welches Material zusammenstellen sollte, um es möglichstvielen (ECHA)Lehrern zur Verfügung zu stellen. Auf lange Sicht würde ich gerne in der Lehrerfortbildung im Bereich Hochbegabung arbeiten.

Mittlerweile gehe ich mit der Idee schwanger, eine Untersuchung über die geschlechtsspezifischen Unterschiede von Begabungen hochbegabter Kinder zum Thema meiner Magister (Magistra)Arbeit zu machen.Es wäre vielleicht nicht schlecht, einmal sozusagen einen Probedurchlauf mit einem erfahrenen Menschen wie Ihnen machen zu dürfen, damit ich dann weiß, worauf ich achten muß...

Ich freue mich auf alles weitere!

Herzliche Grüße aus dem Waldviertel,

Martina Lasar

Sammelbrief von Lee Loy Fatt, Malaysia

Dear Dr. Fleiss,

I have received a total of three very interesting replies to your questions about life of gifted persons. While these replies have been forwarded to you, Dr. Fleiss, I reproduce below some of the more fascinating answers to the question of giftedness:

Q.1: At what age were you able to read/write? How did you learn it?

One member could read by 2 1/2 years old, and one even earlier, between one to two years old. Significantly, all three learnt to read from their mothers.

Q. 3: How did you feel about your advantage and progress as compared with other children? How did other children react?

One felt grateful, but never proud, to be blessed with such intelligence, while another felt very proud, happy and confident. One reported that her friends admired her, enjoyed her company, and were willing to do whatever she asked them to do. Another however reported that there were some who kept at arm's length for to them she was different.

Q 4: How was your experience with teachers? Did they notice your giftedness?

Two reported that most of their experiences with teachers were good, however one reported that while some of the experiences were fine, others were frustrating and annoying. One was not sure if the teachers noticed her giftedness, one reported that most of her teachers noticed, while one was sure her teachers noticed her giftedness.

Q. 5: What was the earliest childhood memory for you? At what age?

One reported remembering her disappointment when the balloon which her mother had just bought for her flew away from her hand. This was when she was about four years old. Another wrote that her earliest childhood memory was somewhat unbelievable because she remembers, when she was still a baby, being held and embraced by someone and her first image when she opened her eyes was of an Indian woman who turned out later to be her maid.

Q. 6:   When was your giftedness recognised? By whom? How?

One reported that her giftedness was recognised by her mother when she was a child. Another was noticed to be gifted by her parents before she started schooling. One still does not think she is gifted! Of the two whose giftedness were recognised, they reported that it was because they were able to learn and understand very quickly.

Q. 7:   How did your parents and educators handle your giftedness?

One reported that her parents encouraged her to read more books, learn more things and sent her to creative writing and others. Some of her teachers encouraged her to delve deeper into subjects being taught while a few teachers liked to do things at their pace and sometimes get annoyed when she asked questions beyond their knowledge.

Q. 8:   Did your giftedness cause you any trouble while you were in school (till about 18 years of age) or did you have any advantages? How did you feel about these?

One wrote that her giftedness brought both advantages and disadvantages. The advantages included understanding things very fast and being able to cope with school work and catch up with the classmates even after an absence for a few days or longer. One of the disadvantages was that she ends up in the best class and her friends in the other classes, and they sometimes feel uncomfortable being her or ignore her because they feel that she's too smart for them. Also, because she always get good grades her parents' expectations of her are very high and this results in great pressure on her to perform.

Q. 10: At your job and in your relationship with peers, supervisors and emloyees, how do you handle your giftedness? Any problems? Advantages? Please describe:

One wrote: „Usually I keep all my ideas and suggestions to myself. I never want to let them out if I'm working in a group. Problems occur when I'm working with others, they never want to agree with any of my ideas or suggestions (99.9% they'll never agree). Sometimes they did not understand my ideas at all (waste my time explaining to them). Some of them said that I'm crazy or trying to make fun of them. I can see all the advantages when I'm working alone, I'm free to use my ideas".

Another wrote: „People trust me and many of them tell me their problems and ask for my advice. The problem is there are too many who need my help and want me to listen to their problems. Sometimes I feel very frustrated and confused because I have only 24 hours in a day, and I need some of the time to be alone and to do my own things instead of just listening to others' problems".

Q. 11: What effects has your giftedness had in your private life; troubles? advantages? Please describe.

One wrote that people find her interesting to talk with, and classmates seek her out to help in their schoolwork. However people who are not that smart think that she's snobbish and keep away from her. Some friends also make her life miserable when they are jealous and envious of her giftedness.

Another wrote that sometimes she feels lonely and left out because she's so different from others, especially her family members.

Q. 12: Are there other highly gifted persons in your family?

One is sure there is no other highly gifted person in her family, one is not sure. The third has a younger sister and younger brother who are gifted, and she believe her parents will be able to qualify at an IQ-test.

Q. 13: What in your opinion are your strongest points due to your giftedness?

Most reported the ability to learn and understand things very fast as their strongest point.

Q. 14: Do others recognise your giftedness?

All believe this to be so.

Q. 15: What is your advice for other gifted persons?

„Try to understand, tolerate and be more patient with other people, especially those who cannot understand our needs or are different from us (especialy our parents)".

Q. 16: How do you define „success"?

One defines success as „a stage where your goal or hope has been achieved and that achievement must not give any trouble or do any harm to others". „Success" to another is „to have a financially stable and happy life, my own home, a respectable career, and most important of all, to be able to do what I like and want and to have achieved my goal in my life." The third defines success as „being an expert in an area (hopefully with some monetary gains) and being recognised in it."

Q. 17: Please describe what „happiness" feels like to you.

„Happiness is being accepted for who you are, arts and all, and still being loved and supported by the one you love."

„Happiness to me is to be free of all worries and stress, and to be with my own family doing 'family activities'."

„Everyone is healthy, save and loving. No one is suffering either from war or anything else. No financial problems and everyone is caring too. I can help others and make them happy."

Lee Hui Nee, Malaysia

I was able to read when I was 2 1/2 years old. My mother taught me. I started Kindergarten when I was about 4 years old. At that time I was placed in the advanced class with others that were much more senior than I. I felt grateful because I was blessed with such intelligence but I never was proud. Some of my friends were O.K. but there were others that separated from me because I was different from them.

Most of my experiences with teachers had been good. I did nor give trouble to the teachers therefore in their eyes I was a good student. My teachers noticed my giftedness.

Right now I am a student but I wish to be a psychiatrist or a physician.

Due to my giftedness my strongest points are literature. I like to write stories and compose poems and art. I am quite good in sketching and drawing cartoon characters.

Tan Joo Mee, Malaysia

I was told that I have an elder sister who was born 9 months before me. So I am an prematured baby and was only seven months old at my birth. Until now I am still the youngest in my family. I hate to be the youngest. In my family, elder people are more important, no matter they are right or wrong.

My father is a teacher specialized in agricultural science and arts. My mother was also a teacher but she stopped teaching after her marriage.

My mother taught me to read and to write. I was then about 2 1/2 years old. At the age of six I came to school.

I have good relationship with almost everyone I knew even my enemies. Sometimes I feel that I am so different from others. I feel left out.

This is my last year in high school. So far I am doing quite well in my studies although I used to do last minute revision. I used to be around the top 10 girls in the form and I had obtained all A's in my schooltime.

In class I seldom paid attention. I used to disturb my friends or act stupidly to make them laugh. Teachers used to get angry with me but now teachers don't care about me anymore.

At present, I am the assistant monitor in my class, Yellow House representative for the Form Five, Treasurer for Interact Club, President to Chess Club and Badminton Club. I've many hobbies like reading – science fiction, true stories or weird discovery, listening to music, painting, collecting stamps, coins, writing poems and playing chess.

I hope to become either a scientist or a doctor in the future.

Hartmut B.

MEIN GESICHT (1992)

Im Spiegel seh' ich ein Gesicht,
Das blickt mir so traurig entgegen.
Hört, in sich versunken, die Umwelt nicht –
So tief ist's am Überlegen.

Es grübelt wohl über den Sinn der Welt,
Sofern es da einen sichtet.
Die Augen, die es kaum offenhält,
Sind in die Leere gerichtet.

Es fragt nach dem Leben, dem Leid und dem Tod
Und sucht nach einer Erklärung.
Was ihm die Philosophie bis jetzt bot
War nur eine hohle Belehrung.

Sinnentleert kehrt's nun zurück
In die gegenwärtige Klarheit. –
- Zurück in der Menschen Traum vom Glück
Im Schlaf auf der Suche nach Wahrheit.

Im Spiegel sah ich ein Gesicht,
Das blickte mir traurig entgegen.
Und inspirierte ein Gedicht
Mit Reimen der Reime wegen.

Hochbegabt zu sein, bedeutet für mich, daß ich nie – oder zumindest nur selten – Langeweile habe. Ich kann mich, auch allein, immer irgendwie beschäftigen, meinen Gedanken nachhängen und nur mit Papier und Bleistift Problemen nachgehen, die andere vielleicht abschrecken würden. So geht an und für sich „tote" Zeit, wie z. B. beim Bahnfahren, sehr schnell vorbei und ich habe eine angenehme Unterhaltung.

Aufgrund meiner Hochbegabung kann ich vieles schneller erfassen und begreifen als andere Leute und mir so viel Zeit sparen, z. B. beim Fahrplanlesen. Die gewonnene Zeit kann ich nutzen, um anderen zu helfen, z. B. wiederum beim Fahrplanlesen. Ich habe auch festgestellt, dass sich Hochbegabte wie Magnete anziehen, so dass ich immer ein förderndes Umfeld und passende Freunde fand. Anders als nicht wenige Hochbegabte, hatte ich in der Schule kaum Probleme, fast nur Einsen und Zweien und galt trotzdem nicht als Streber, weil es Bessere und gleich Gute gab.

Mit dem Scheitern beim Studium begann eine Art Abwärts-Karriere. Ich musste erkennen, dass Hochbegabung nicht alles ist, dass es auch Dinge gibt, die ich nicht begreifen kann, dass mich meine Hochbegabung nicht zu allem befähigt und dass mein Verstand nicht alles ist. Diese Allmacht meines Verstandes aufgrund meiner Hochbegabung, die Vernachlässigung meiner Gefühle und das durch meine Hochbegabung geförderte stetige Grübeln führten schließlich zu einer schweren Depression und direkt in die Psychiatrie. Ich erkannte für mich, daß Hochbegabung auch das sein kann: eine Behinderung, die die Gefühle unterdrückt, mich von meinem Selbst und anderen Menschen trennt. Auch in der Psychiatrie traf ich wieder viele Hochbegabte, so daß ich an die Magnetfunktion erinnert wurde.

Heute sehe ich meine Hochbegabung distanzierter, als ein Instrument, das mir mein Leben erleichtern, aber auch erschweren kann, als eine wichtige Eigenschaft meiner Persönlichkeit, aber nicht die wesentliche und bedeutendste. Gut wäre es, wenn ich ein Stück meiner Einsamkeit beseitigen könnte, indem ich ein Stück meiner Hochbegabung hergäbe.

Hartmut schrieb mir am 11. November 2001 einen Brief, den ich auszugsweise zitieren möchte:

„... Mir geht es ganz gut, aber meine Tätigkeit als Postverteiler belastet mich physisch immer mehr. Mir bleibt oft viel zu wenig Zeit, meine Begabungen in den Kanälen zu entfalten, die ich für mich entdeckt habe. Oft kann ich mich todmüde nur noch ins Bett legen. Mein Rücken ist oft verspannt, so dass ich

wohl professionelle Massage in Anspruch nehmen muss. Dazu kommen Migräneattacken, sie jedoch in den letzten Monaten seltener wurden...
...

Weiter leide ich an Panikattacken, d. h. eigentlich Panikepisoden, denn ich habe oft eine tiefe Angst ohne direkt erkennbare Ursache. Hätte ich beispielsweise Angst vor Spinnen, könnte ich eine Konfrontationstherapie machen. Es ist mehr eine Zukunftsangst, die meine eigene Zukunft, aber auch die der Mitmenschen umfasst. Ich habe starke romantische, visionäre und metaphysische Züge in mir. Auf den langen Spaziergängen, die ich zur Entspannung unter dem herrlichen herbstlichen Himmel führe, führe ich eine Art Dialog mit mir selbst. Es sind so viele Gedanken auf einmal, dass nicht einmal ein Diktiergerät mitkommen würde. Mit dem Kuli, den ich immer bei mir habe, schreibe ich mir auf den Handrücken oder Papierstücke Stichwörter, um wenigstens einen Teil zu erhalten. Es ist wie bewusstes Träumen.

Zu meinem 30. Geburtstag am 27. Oktober 2001 habe ich einige Bücher und CD-ROMs erhalten: zwei verschiedene IQ-Tets... Ich habe natürlich meist den Höchstwert erreicht. Die Zeit finde ich bei beiden Tests viel zu üppig bemessen: statt der veranschlagten 60 Minuten brauche ich nur 12 Minuten (oft nur 10, aber dann entstehen „Flüchtigkeitsfehler"), statt der 10 Minuten beim anderen Test brauche ich nur 2 Minuten. Aber wahrscheinlich wird ein durchschnittlich Begabter gar nicht in der ganzen Zeit fertig. Das macht mich immer wieder fertig: meine hohe Denkgeschwindigkeit, überhaupt lebe ich intensiver als die meisten Menschen. Es ist ganz schwer, dabei die Geduld zu bewahren...

Im August habe ich etliche neue Gedichte verfasst, die ich Ihnen schicke. Eine sehr schöne Beschäftigung ist die Beantwortung der Fragen zur Wortherkunft, die ich aufgrund meiner EtymologieHomepage immer wieder bekomme...

JEGLICHES HAT SEINE ZEIT (August 2001)

Jegliches hat seine Zeit,
Alles seine Stunde,
Liebe, Freude, Schmerz und Leid,
Heilung einer Wunde.

Zeit, auf diese Welt zu kommen,
Zeit, von ihr zu scheiden.
Zeit, bis Du den Berg erklommen,
Zeit, herabzusteigen.

Zeit, die Dinge zu zerstören,
Zeit, sie aufzubauen,
Zeit, dem anderen zuzuhören,
Zeit, ihm zu vertrauen.

Zeit zu lieben, Zeit zu hassen,
Zeit für Streit und Friede,
Zeit, um einfach loszulassen,
Zeit zu einem Liede.

Unerforschbar ist die Zeit,
Lasst uns nicht ergründen,
Gottes große Ewigkeit –
Lasst sein Lob uns künden.

DIE BRÜCKE (2001)

Eine Brücke wunderlich
Steht am Himmel droben.
Doch nicht immer, sie hat sich
Gerade erst erhoben.

Als der letzte Regen grad
Sah die Sonnenstrahlen –
Da ein großer Künstler tat
Diese Brücke malen.

Wenn Du diese Brücke schaust,
Steht ein Wunsch Dir frei,
Wenn Du jemand ihn vertraust,
Ist's damit vorbei.

MANN IN BETRACHTUNG EINES VOGELS (1990)

Welch ein wunderbares Leben,
So zu fliegen durch die Luft!
Einfach nur die Flügel heben;
Unter sich die Erdengruft.

Wär ein Vogel gern geworden,
Hätt's nicht wie ein Mensch so schwer,
Flög nach Süden, Westen, Norden,
Voller Freiheit, sonst nichts mehr!

Angus T. K. Wong, Canada

My parents have always told me, that I am a smart kid, even when everyone said otherwise. They remind me when I was five or six years old, I asked my mother, why people don't have three eyes. She told me that it would look bad. I said it wouldn't if *everyone* had three eyes. She didn't reply, and just exchanged glances with my father, and they both smiled.

When I was around eight, I had a flash of intuition, and told my mother that: „You are your own best friend, and own worst enemy". I don't think I fully appreciated the wisdom of that, at the time. It just seemed, somehow, correct. Absolute. Universal. Logical. Even Spock would have approved.

When I was nine, I read a book that was written by some girl who was twelve. I thought it was a fun book, but when I read in the back cover how the publisher praised the author for having the ability to churn out that book, being „astonishingly only twelveyears old", I realised – for the first time in my life – that I could do better than some people. In fact, a *lot* better. But the world didn't let me.

In kindergarten I was labelled a slow learner. In pre-secondary school, the teachers said that I was lazy. I remembered one teacher especially, that insisted a certain dinosaur be called „A *sail-back*". I put my hand up, a very rare thing for me at that time, and inadvertently started a oneman campaign against the rest of the class – which was doubtless stucking up to Teach – when I exclaimed that it was obvious the creature was a „*Dimetredon*". I don't know if that is really the correct term. I am writing this from memory, and don't have the dinosaur books that used to sit neatly on my kiddie bookshelf. In any case, I had considered myself somewhat of a ten-year old dinosaur expert at that time. After all, for the past couple of years I had read tons of books on the subject, built models of sabertoothed tigers, trilobites, pterodactyls, stegosaurs, triceratops, and – as they were known at the time – brontosaurs (now: bracheosaurs)...

When I was eleven, the physics gave some demonstration by measurement the heat given off by the light of a candle. He asked us what kind of heat it was. A few of the brighter idiots tried convection and even conduction, which they learned in a previous class, whereas I answered „radiation" which I learned from my Dad.

What was most amazing about all those early years was that, looking through my school reports now, all the teachers thought I was dense or something. For the life of me, I cannot tell you why they would have thought so. After all, when they gave everyone some kind of competence test one year, I got the highest score out of everybody. Then the teachers started saying how surprised they were, and congratulated my parents for raising such a smart kid.

Soon after then, I decides that school sucked, and so ignored it. Besides, nobody wanted to play with me anyway. Instead, I spent most of my time with prisms, a beloved chemistry set, a microscope, Tom Sawyer, Sherlock Holmes, the Hardy Boys, Nancy Drew, model aircraft, magic cristalls, silly putty, gyroscopes, electronic kits, and Sea-Monkeys.

When I was twelve, my parents got me my very first microcomputer. They had been talking to some professor friend of theirs, and got a good deal on the machine, and so they presented it to me as a birthday gift. It was amazing. I still remember it. A Tandy Radio Shack TRS-80 Model 1 Level 2 BASIC computer. With a cassette drive. While my peers were busy with their latest LCD watches and air pistols, I expanded the RAM to 16K and started wondering if I shouldn't get into assambler code.

High school found me with some semblance of a social life, and the temptations of pure sloth were too great to ignore. I did poorly on many subjects, and only after great personal introspection (motivated through my mother) got into university.

There, I found even more opportunities to slack off. The parties were amazing, and I learned where to get a good haircut. But all the while, something was dreadfully missing. I would be talking to someone – a date for example – and she would not understand why I liked computers so much.

I really worked hard in university, even harder than the „ordinary folk" have to, and scored big with the subjects. You see, just being smart and all doesn't cut it. You really need to work hard. I didn't want to become yet another underachiever-with-a-high-IQ statistic. So I pulled up my grade point average to just underneath an A minus by getting straight A#s for a while. I even got on the dean's list, and received a personal congrats from him. I finally broke the curse I had with school all my life.

The people around me were very different from the handfull of childhood friends that I had. Most of my friends nowadays were party animals. Their scientific knowledge hovered somewhere on the borderlines of thinking that a lightyear had something to do with daylight saving time... Somehow, it seemed to me that it was all not that different from the earlier days when the only two people who were smart and knowledgeable enough for me to talk to were my parents...

Postscript:

The bittersweet style of my piece notwithstanding, underneath lies the more serious question of why an educational system would in fact become the very essence of detriment to a child's intellectual development. If it were not for the strength and loving of my parents, perhaps I would not today be able to write these sentences. I am most concerned with the thought that there are children today, many much more gifted than you and I, who have been likewise neglected and even abused by the system the world over. I am certain that I was not alone in my experiences, as perhaps some of us reading this will attest.

As for the children: Assume nothing, be patient, and give them much more intellectual credit than you think they deserve. The children who most especially need our love and assistance are the gifted ones who usually have exceptionally high levels of sensitivity – and vulnerability.

R. S., weiblich

(Gekürzte Wiedergabe mehrerer Briefe)

Ich möchte Ihnen aus meinem bisherigen Leben erzählen und was es für mich bedeutet, hochbegabt zu sein. Es ist ein kontinuierliches Beispiel dessen, was man bei der Erziehung von bzw. im Umgang mit intelligenten Menschen falsch machen kann.

Es steht mir nicht zu, meine Eltern schlecht zu machen, das möchte ich an dieser Stelle auch gar nicht.

Meine Mutter mußte im zarten Alter von 19 Jahren aufgrund meiner ankündigenden Existenz heiraten. 6 Monate später wurde ich geboren. Sie konnte vier Jahre nicht mehr arbeiten gehen, ihre ehrgeizigen Pläne waren zunichte. Sie arbeitet heute als Schreibkraft in einem Büro. Sie ist selbst nicht in der Lage, Gefühle zu offenbaren. Für sie ist „Schein" mehr als „Sein". Sie liebt schicke Kleidung, Urlaub und Statussymbolen wie Pelzmantel und Angorakater. Selbstgemachte Geschenke, wie Essig & Öl oder Likör sind in ihren Augen beleidigend. Ich kann mich noch gut daran erinnern, daß ich ihr als Kind einmal zum Muttertag ein Bild gemalt hatte. Sie war sehr wütend, weil sie lieber Pralinen (gekaufte!), Blumen oder Eierlikör haben wollte.

Strafe für mein „Fehlverhalten" gab es nie in der Form körperlicher Züchtigung, sondern durch eisige Kälte...

Mein Vater ist nicht sehr intelligent. Er ist mehr praktisch begabt. Er kann Akademiker nicht ausstehen, weil er meint, daß Menschen mit sitzender Tätigkeit faul sind. Die Verwendung von Fremdwörtern oder gewandten Formulierungen provozieren ihn.

Anläßlich eines Streitgesprächs irgendwann in meiner „Pubertät" habe ich einmal absichtlich zu ihm gesagt: „Das interpretierst Du falsch!". Er ist daraufhin regelrecht explodiert und sagte im schönsten rheinischen Platt: „He weed nit interpretatiert, he weed jeschwääz wie bei normal Lück!".

Vermutlich bin ich auch die erste in der Familie, die fließend „Hochdeutsch" spricht.

Spielkameraden durfte ich nur selten nach Hause mitbringen und weggehen durfte ich auch nicht oft. So war ich meistens allein und habe Unmengen von Büchern verschlungen.

Nach der Grundschule wurde ich auf eine katholische Klosterschule geschickt Nach der 10. Klasse wollte ich (wie etliche Schulkameradinnen es getan haben) auf ein staatliches Gymnasium wechseln. Meine Eltern lehnten einen Wechsel ab mit der Begründung, so etwas mache später im Lebenslauf einen schlechten Eindruck.

Mit Abschluß der 10. Klasse bekam ich bis auf weiteres Stubenarrest, weil mein Jahreszeugnis noch schlechter war als mein Halbjahreszeugnis. Mein Durchschnitt lag damals bei 2,8.

Schriftlich lieferte ich durchweg gute Ergebnisse, aber mangels Selbstvertrauen und großer Hemmungen sowie Komplexe fiel die mündliche Mitarbeit meist sehr schlecht aus. Meine Mutter nahm mir mit Beginn der Sommerferien den Hausschlüssel ab. Schwimmbadbesuche, Treffen mit Freunden usw. waren fortan nicht mehr möglich. Ich durfte nur noch die Schule, die Bücherei und die Sonntagsmesse besuchen...

Ich habe mich seit jeher zu eher älteren Menschen hingezogen gefühlt, wohl weil ich glaubte, von ihnen mehr lernen zu können.

Nach dem Abitur habe ich als Notlösung noch ein Jahr auf der Höheren Handelsschule verbracht. Dort habe ich nützliche Dinge gelernt. Sie glauben gar nicht, wie viele Abiturienten Vektor- und Integralrechnung beherrschen, aber hilflos mit den Schultern zucken, sobald Prozentrechnung und Dreisatz gefragt sind. Kostenrechnung, Buchführung, Handelsenglisch und -französisch waren für mich neu und hochinteressant. Ich erhielt dort ein gutes Abschlußzeugnis, obwohl ich zwischendurch immer wieder durch Abwesenheit glänzte.

Ich hätte im Anschluß sehr gerne studiert, war aber gezwungen, einen Beruf zu ergreifen, der schon während der Ausbildung gut bezahlt wird.

Ich habe mir all das gefallen lassen, weil ich vor allem und jedem Angst hatte infolge ständiger Unterdrückung im Elternhaus. Meine Meinung durfte ich nie äußern, Fragen wurden nicht beantwortet, Begründungen nicht geliefert...

Als meine heißgeliebte Großmutter starb, war das ein großer Schock für mich. Ich begann alle Werte, die bis dahin für mich Geltung hatten, in Frage zu stellen, auch meine Ehe.

Mein Mann und ich stritten immer häufiger. Er konnte meine beginnende Veränderung und mein sich langsam entwickelndes Selbstbewußtsein nicht nachvollziehen. Erzählte ich von Späßen und Wortspielen oder absurden Gesprächen, die am Arbeitsplatz entstanden waren, schüttelte er entweder verständnislos den Kopf oder reagierte mit übertriebener Eifersucht...

Mit Männern hatte ich wenig Glück.

Heute lebe ich nach einer Scheidung mit einem Mann zusammen, mit dem ich mich gut verstehe.

Ich habe mein Selbstbewußtsein wiedergewonnen. Ich engagiere mich auf verschiedenen Gebieten. Ich setze mich auch im sozialen Bereich ein. Anfänglich habe ich versucht, Kollegen bei persönlichen Problemen zu helfen. Dadurch habe ich mich nur unbeliebt gemacht, mir wurden große Einmischung und böse Absichten vorgeworfen. Deshalb setze ich mich auch dort für niemanden mehr ein, obwohl mir dieser Egoismus und dieses Desinteresse unbegreiflich sind...

Ich glaube, daß mir meine Hochbegabung anfangs nur Probleme gebracht hat, die durch die Erziehung durch meine Eltern noch größer wurden. Es ist mir aber gelungen, mein Leben zu meistern. Das verdanke ich nicht zuletzt meiner inneren Kraft und meiner Intelligenz.

Herbert Karsten, Tirol, Österreich
(Gekürzte Wiedergabe eines Briefes)

Ich bin hochbegabt und möchte Ihnen gern aus meinem Leben erzählen.

Mein Volksschulbesuch war problemlos, wenn man davon absieht, daß ich der Liebling der Lehrerin war. Aufgrund meiner Intelligenz lernte ich – wie so viele – nicht, zu lernen; mit ein wenig Charme kam ich glänzend durch. Das lernte ich übrigens auch schon in der Familie, wo ich das Nesthäkchen war; meine beiden Schwestern sind 12 bzw. 13 Jahre älter. Meine Schulzeit setzte sich im Akademischen Gymnasium fort. Dort herrschte ein wesentlich rauherer Wind. Es gab Lehrer, die einen mit einem großen und schweren Schlüsselbund bewarfen, wenn man nur auf die Uhr sah. In den Pausen mußte man in Zweierreihen im Kreis gehen, wobei Lachen und lautes Reden verboten waren.

Die Schulzeit bestand damals aus absolut sinnloser und absurder Quälerei. Kadavergehorsam war gefragt, Kreativität, Intelligenz oder Persönlichkeit wurden mit namenlosem Schrecken zerstört.

Nach Absolvierung der vierten Klasse Hauptschule, in die ich schließlich versetzt wurde, kam ich wieder auf ein Gymnasium: der Direktor der Hauptschule war im gleichen Gesangsverein wie der des Gymnasiums und legte ein gutes Wort für mich ein. Bei der Aufnahmeprüfung war ich wie immer einer der besten, in Mathe sogar der Beste. In der sechsten Klasse flog ich noch einmal; meine Schwester starb völlig unerwartet. Die Schule war dabei völlig unwichtig geworden, außerdem fehlten mir wirklich viele Grundkenntnisse. Dann ging bis zur Matura alles gut, die ich 1980 mit Auszeichnung machte.

Danach begann ich ein Medizinstudium, das bis zur Anatomieprüfung problemlos ablief. Da war dann wieder eine große Prüfung, bei der man von den Dressierten dressiert wurde. Zum Verstehen gab's nicht viel, dafür aber zum Auswendiglernen. Gradmesser der Dressur war die möglichst wortgetreue Wiedergabe aus dem Buch...

Nach vier Jahren Krampf mit der Medizin lebte ich dann einige Jahre mit einer wunderbaren Frau zusammen, wodurch in meinem Weltbild die Bedeutung der

Intelligenz sehr abgenommen und die Liebe dominierend geworden ist. Leider ging auch diese Zeit vorbei und seit 1990 studiere ich wieder, diesmal Theologie. Ich bin süchtig nach Wissen. Erst vor zwei Wochen machte ich eine Prüfung über den Stoff von drei Vorlesungen. Würde ich dem Gesetz genüge tun, müßte ich eineinhalb Jahre diese geistzerfressenden Vorlesungen ertragen. Versorgt mit den entsprechenden Skripten, habe ich alles bei täglichem Studium von ca. 3 Stunden in 14 Tagen problemlos erledigt. So what?

Auf der Uni und auch sonst ist eines meiner größten Probleme die Sensibilität. Ein neben mir nüssekauender Student kann bei mir einen Schweißausbruch verursachen.

Für mich ist Wissen etwas, das ich mir nur außerhalb und trotz der Schulen anzueignen versucht habe. Eine Synthese zwischen Uni und persönlichem Wissensstreben anzustreben ist momentan nötig, aber leider mit vielen Schmerzen verbunden.

In der Fernsehzeitschrift HÖRZU fand ich folgende Programmbeschreibung:

HÖRZU, 21.Juni 2000, ARDAbendprogramm 21.45 Uhr

Kurzbeschreibung des Films:

„Mit einem ExScharfrichter und anderen wenig zimperlichen Komplizen macht sich Junior-Gangster Werner Gladow im Berlin derSchwarzmarktzeit einen Namen als „Al Capone von Berlin". Sein Markenzeichen sind Raubüberfälle mit rücksichtslosem Einsatz der Schußwaffe. Er wird am 8. April 1950 durch ein Schwurgericht im Ostsektor zum Tode verurteilt. Der erst 18jährige stirbt durch das Fallbeil".

Werner Gladow war höchstwahrscheinlich hochbegabt...

M. N., männlich, 16 Jahre

(Gekürzte Wiedergabe eines Briefes)

Ich möchte Ihnen heute einige Gedanken von mir zum Thema „Spezifische Schulprobleme eines Hochbegabten" schreiben, weil ich meine Erfahrungen auf diesem Gebiet der Öffentlichkeit zur Verfügung stellen möchte.

Spezifische Probleme mit der Schule gibt es dank 10jährigem Schulbesuch, falls ich von eigenen Erfahrungen auf die Allgemeinheit schließen darf, zuhauf. Sie beruhen allerdings weniger auf persönlichen Dissonanzen mit Lehrern, sondern vielmehr auf einem deutschen Schulsystem, das besonders auf die Schwächsten Rücksicht nimmt und davon ausgeht, dass es den guten Schülern bestens geht – weit gefehlt. Denn was sich als „Gnade vor Recht" – Prinzip bei der Notengebung durchgesetzt hat und sich vielleicht rücksichtsvoll anhört, hat einen gewaltigen Leistungsabfall zur Folge.

Das Schulsystem ist m. E. darauf fixiert, möglichst vielen Pennälern zu einem Abschluß zu verhelfen, nimmt aber selten Rücksicht auf Hochbegabte, die bei Anregungen, gewissen Lernstoff zu vertiefen, oft mit dem Argument zurückgewiesen werden, dass ein Großteil der Klasse „da nicht mitkomme".

Dreht man den Spieß um, ist zwar der Hochbegabte der Schuldige, da die anderen ja „normal" sind, aber während Legastheniker bevorzugt behandelt werden, wird dem Willen und Ehrgeiz Hochbegabter, etwas zu leisten, selten Rechnung getragen, da davon ausgegangen wird, dass eine Verbindung aus Lernfaulheit und guten Noten befriedigt.

Die Maxime, „Wer gute Noten hat, der hat auch keine Probleme", ist leider ein Trugschluß, da diese oft im privaten Bereich liegen: Man fühlt sich nicht verstanden, Freunde betrachten einen als zu ernst, vernünftig, nachdenklich. Trotz der Bemühungen, sich außerschulische Herausforderungen zu schaffen, läßt sich eine gewisse Depressivität nicht immer vermeiden. Dazu trägt auch ein mangelndes Verständnis von Seiten der Schule bei, die Ambitionen und Ehrgeiz nicht bedienen. Überspringen leistet nur kurzzeitige Abhilfe, denn das Schulsystem und sein Anspruch bleiben gleich, lediglich die Lernlücke steigert das subjektiv empfundene Niveau, objektiv gesehen bleibt es gleich.

Weiterhin bemängel ich am aktuellen Schulsystem, daß selbständiges Denken nicht genug gefördert wird und stures Lernen noch im Vordergrund steht. Der Mathematikunterricht beispielsweise animiert in seiner Struktur nicht zur selbständigen Problemlösung, sondern ein Lösungsschema wird vorgegeben, dann schneller oder langsamer verstanden, schließlich in der einen oder anderen Variation nachgerechnet.

Ulrich W., Vater eines hochbegabten Kindes

Sehr geehrte Frau Dr. Fleiß,

Wir sind Eltern zweier Kinder, von denen der kleinere 6 Jahre alt ist und uns mehr beschäftigt als uns lieb ist. Er ist kreativ, wahrscheinlich überdurchschnittlich intelligent, wohl kein Genie, malt außerordentlich schöne und schreckliche Bilder, haßt seinen großen, ruhigen Bruder, holt sich ständig (überwiegend negative) Aufmerksamkeit und fühlt sich permanent angegriffen und abwehrbereit. Er ist auf einem Ohr taub, lammfromm, wenn man interessante Aktivitäten veranstaltet und alles in einem Kind, das seine Umgebung bis an die Grenze ihrer Leistungsfähigkeit fordert und darüber hinaus.

Was sollen wir tun?

Erich Baumeister, geschrieben 1994

Ich bin 47 Jahre alt und habe einen Bruder, der 4 1/2 Jahre älter ist als ich. Meine Mutter war Hausfrau, mein Vater war Geschäftsmann. Wegen der langen täglichen Pendelzeiten haben wir ihn in der Woche selten gesehen, bis auf ein paar Stunden am Abend.

Mein eigener beruflicher Werdegang ist etwas ungewöhnlich, sogar in Bezug auf das „typisch" amerikanische Vorbild: Ich fing als DeutschRussisch Lehrer an, wechselte auf Büroarbeit (Papier-Hin-und-Herschieberei), verkaufte Reifen, führte ein Büro, studierte weiter, wurde Wirtschaftsprüfer, dann in die interne Revisionsabteilung einer größeren amerikanischen Firma, dann meine jetzige Stelle. Ich bin Vize-Präsident der Citibank AG zu Frankfurt und ich bin zuständig für das Buchhaltungswesen nach amerikanischen Vorschriften sowie für Risiko-Management im Kapitalmarktbereich Europa.

Zu meinen Haupthobbies zählen das Fliegen (ich bin Privatpilot), das Klavierspielen (fast ausschließlich klassische Musik) und das Lesen allerlei Schriftlichen, obgleich ich zu wenig Zeit dazu finde, mich dieser Tätigkeit zu widmen. Ich mag weibliche Begleitung sehr, ich finde Männer i. d. R. zu aufdringlich. Ich bin nicht kämpferisch und mag das Diskutieren und nicht das Auseinandersetzen.

Ich konnte mit etwa vier Jahren lesen, das habe ich von meiner Mutter zu Hause gelernt; das Schreibenkönnen kam aber erst in der ersten Klasse in der Schule.

Ich kam mit etwa vier oder fünf Jahren in den Kindergarten, das war damals das übliche Alter. In allen Schulklassen war ich gleich alt wie meine Mitschüler; alles auf meines Vaters Wunsch, wie ich erst Jahrzehnte später erfahren habe. Er glaubte nämlich, ich käme mit Gleichaltrigen besser zurecht als mit „Intelligenzgenossen". Ich habe mich hin und wieder gefragt, wie es gewesen wäre, durch die Schulklassen schneller befördert worden zu sein, aber ich habe niemals gedacht, er hätte dadurch einen Fehler begangen bzw. daß ich dadurch irgendwie gehindert worden wäre.

Der intellektuelle Vorsprung gegenüber anderen Kindern war mir nicht unangenehm. Vielmehr war ihnen der Intelligenzunterschied zwischen den „Durchschnittlichen" und den „weniger Intelligenten" (auf gut Deutsch, den Dummen) aufgefallen. Die Lehrer sind mit mir, wie mit den anderen umgegangen; ich merkte weder damals noch heute im Rückblick einen Verhaltensunterschied. Sie müssen meine Intelligenz nicht nur bemerkt haben, sondern sie haben sie mit verschiedenen Intelligenztests gemessen, die damals in den USA üblich waren und die es heute noch sind. Die Amerikaner ließen ihre Kinder ohne jegliche Hemmungen prüfen.

Meine älteste Erinnerung erstreckt sich auf das Jahr 1949 zurück, als ich etwa zwei Jahre alt war. Ich ging die Treppe hinunter und sah meine Mutter auf dem Fernsehbildschirm.

In der Schule hatte ich keine besonderen Probleme. Von mir wurde erwartet, daß ich die besten Noten nach Hause bringe. Das passierte auch zum großen Teil, aber wenn das nicht der Fall war, war das auch keine Katastrophe für meine Eltern. Meine Eltern machten mir nur klar, ich hätte ihre Erwartungen enttäuscht. Das war für mich Strafe genug.

Als Kind wollte ich Cowboy werden oder für die Feuerwehr arbeiten. Eine meiner Schwächen war die Festlegung auf einen Berufswunsch, denn das würde zum Ausschluß aller anderen Berufsmöglichkeiten führen. Ich habe mich durch das erste Jahrzehnt meiner Berufslaufbahn so durchgemogelt. Erst in meinen dreißiger Jahren stolperte ich in das Fach, in dem ich künftig mein Salz verdiente.

Ich meine, daß mein Glaube an mich meine größte Stärke ist. Aber als Atheist muß man doch an etwas festhalten, oder?

Lourie B.-Davis, Oklahoma, USA
(ehemalige Präsidentin von Intertel)

GROWING UP GIFTED

I learned early on that I was „different". I learned to read before I was four, as did my own daughter, and mostly on my own, not because I was „taught". I started to kindergarten in a very small town because my mother was a sixth grade teacher and my father worked and it was a place in which the school thought I would fit. Well, of a sort. They determined early on what I wanted to do things that the others couldn't do, and decided I would fit better in the first grade. I didn't fit in there either. I ate the paste, chewed the crayolas, and generally didn't pay attention to what I was supposed to do, but I corrected the other kids when they read, and generally was obnoxious, I guess. I was allowed, after considerable discussion and talking to by my teachers and parents to stay, and did pass on to the second grade. My mother got a job in the next larger town to teach fifth grade, and I started second grade there. My teacher, who had both second and third grades in her room, learned quickly that I could spell anything in the spelling books after glancing at them. I was put up against the sixth grade class and spelled them all down. Then, to keep me busy, I was allowed to work with the slow learners in reading and spelling. I enjoyed that, and really worked at it. Again, my teacher put me up to the third grade before Thanksgiving. I was all of five years old, and my fine motor skills had not caught up to my scholastic abilities. I couldn't print or write well, I tired easily, and became bored with a long lesson in anything. What to do with me? The school felt committed and yet my father was becoming increasingly disturbed at the difficulties I faced in trying to write, and sit still, and the requirements of staying in one place so long.

Amazingly, both my parent seemed to understand and tried to work with me, as did my teacher. She seemed very inventive when I became bored and either switched tasks for me or sent me to work with someone else and then brought me back to task when she felt I could tackle it again. So I was promoted to fourth grade at the end of the year (I was six in April of that year). At the time most other children of my age were starting to school. I began fourth grade. At this time, I really began to feel out of place and the other children were less tolerant. They began to tease me, and I was very unhappy.

One day, we were to copy all the arithmetic problems off the board, and they were homework if we did not finish. My teacher came by and found me copying the problems and writing in an answer in the bottom --- 5, 10, 20, 2, 46, in progression, without attempting to solve them correctly. She took my pencil, and marched me down to my mother's class and told her what I had done. I am sure other conversations had taken place about my not seeming to fit in this year especially. My mother immediately made arrangement with the principal to put me back in another third grade for the rest of the year. I don't remember that I fit in much better there, but there was a more experienced teacher there, and she managed to keep me going.

The next year, in fourth grade again, my motor skills were beginning to catch up with my mind, and I began to do well. Shortly after the first of the year, however, I came down with a serious bone infection, osteomylitis, which kept me totally out of school for the rest of the year. I did keep up with my studies at home, but the crippling disease affected me off and on through he next twenty years. One thing I did do very quickly was read all the books in our town library that they would allow me to check out.

The years passed with recurring bouts of bone infection, but this did not hurt me academically. We moved at the end of my eighth grade year to a much larger town in New Mexiko. I came into my own in Junior High and High School and made many friends with whom I still keep in contact. I graduated from high school with high honors having just turned 17. I entered college that fall at a nearby small state college, standind 3rd in the Class of 500 in the English qualifying exam. I did well in college, but my folks were having difficulties financially in keeping me there. At 19, with two years of college behind me, I began to teach fourth grade and 12 grades of music in a small school in Oklahoma.

At the end of that school year, in August, I married another overachiever, Bob Davis, who, at just 20, had 3 years of military service behind him, had finished high school and had one year of college. He had joined the army in January after he was 15 in September, and when his age was discovered, his parents let him stay. He passed all the military tests with very high marks, and was made a cryptographer. After he was discharged, he completed the required high school subjects remaining from his army studies, and started college the year I first taught school. We both met at summer school at that college and were married.

We found we both had very inquiring and quick minds, and made perfect foils for the other's mind processes. I guess it was a marriage made in heaven, for inspite of many predictions of an early split, we are still together after 51 years, having both spent many years in computer systems, systems and corporate management, and combining education and systems. We have raised two children, both members of first Mensa, then Intertel, and adopted our two grandchildren when our daughter was disabled with MS when they were both small. True to form, our granddaughter, Jaime joined Mensa and Intertel when she was an adolescent and is now grown. All of our children and grandchildren have found that the computer has presented them with acceptable ways to accommodate, and make respectable their curiosity and capabilities at problem solving, as we did, albeit later in life.

Bob Davis, Oklahoma, USA

GROWING UP GIFTED

When I was young, I didn't consider myself gifted. Rather, I always thought I was rather dumb. I didn't get along well with the other children. My best friend was my sister, and I resented her straight A's and easy companionship with her classmates. In my years in public school, I had only one other person whom I called friend. He was a boy from „the other side of tracks" and was not accepted by most of the other children, and was not accepted by my parents. Our friendship was tenuous at best, but is remembered as the outstanding happening of my childhood.

I always had problems in school. I could usually figure things out, but always had to work at it, a chore I really didn't care for. I never failed a subject, but I really never made good grades either. I wasn't bored in school, just apathetic. I struggled along, doing what was needed to get by but never doing anything outstanding or noteworthy.

I spent a lot of time at the local Carnegie Library. I read magazines and newspapers, and checked out as many books as I could. This was something I could do alone, and there was never any pressure or feeling that I had to do this in order to „get a grade".

My secret passion was art. I always wanted to draw, and I always believed I had a talent. In fifth grade, we had a drawing class, taught by the music teacher. I loved the class, and liked the recognition I got for my work. The teacher praised my drawings, and often held them up for the rest of the class as an example what she expected. The denouement of this class was the day she wanted to show me how to shade a fence post in a drawing I was working on. She asked for my drawing pencil, and when I told her I didn't have a Drawing Pencil, but was using an ordinary #2 pencil, she sniffed and never again stopped at my desk. I was ignored from that point on.

My artistic learnings resulted in doodling during other classes: in books, on papers that should have been turned in, on he desktops (a practice that led to being sent to the principal's office and being threatened with „being seated at a desk made from orange crates."). In general, I fell further from favor. I remeber my father telling me once, that real People didn't waste time drawing picrures.

I continued struggle in school, becoming more desinterested as time went on, and finally dropped out when I was in my tenth year, at age fifteen. I ran away from home and joined the army. This was the beginning of my realization that maybe I was different, and maybe was worth something. I took the Army General Clasification tests, and of the 250 men who took the test at the same time, I scored the second best of the bunch. I had my choice of schools. After my tour in the army, I entered college on the GI Bill, and with the event of marriage and the arrival of children, had to postpone schooling because of the pressure of making a living. Even though it took me 14 years, I finally graduated with a degree in Fine Art, with a business minor.

I have never felt „gifted", but I seem to have been able to distinguish myself in things in which I was really interested. I never seemed to have time for othr things. I think that is the key... being interested.

Jürgen A.

Ich bin der jüngste von 3 Brüdern, mein Vater war Schneidermeister, meine Mutter Hausfrau. Durch Abwesenheit meines Vaters (Soldat bis 1945, dann Gefangenschaft, Trennung der Eltern) wurde ich von meiner Mutter allein erzogen.

Mit 6 Jahren kam ich auf die Schule, mit 14 in die Quarta des Gymnasiums, mit 21 machte ich das Abitur.

An meine frühe Schulzeit kann ich mich nicht mehr besonders erinnern, außer daß ich in der Volksschule den Spitznamen „Professor" hatte. Probleme entstanden dadurch, daß ich ohne viel Anstrengung durch die Schule kam. Ich wurde bequem und faul.

Eigentlich wollte ich Mathe- und Physiklehrer an einem Gymnasium werden, aber wegen meiner Faulheit fiel ich durch einige Prüfungen durch und wurde dann Lehrer an einer Realschule. Meine Stärke ist die Fähigkeit, Tatsachen aus verschiedenen Fachgebieten miteinander zu verknüpfen und rasch Zusammenhänge zu erkennen. Meine Schwäche ist die Ungeduld, wenn etwas zu lange erklärt wird.

Ich beschäftige mich gern mit Wirtschaftspolitik, Geschichte und Umweltbiologie.

Ich bin verheiratet und habe 4 Kinder.

Ich meine, jeder sollte seine Intelligenz dazu nutzen, um besser verstehen zu lernen und nicht, um Arbeit einzusparen. Deshalb soll auch jeder selbst seinen eigenen Horizont erweitern und nicht auf die anderen warten.

Dr. Ernst B. Mainzer, Arzt, USA

Liebe Ida, Du hast mich gebeten, Dir einiges aus meinem Leben und über meine Erfahrungen als Hochbegabter – Höchstbegabter, ich bin Mitglied von Intertel – zu schreiben.

Zu meiner Höchstbegabung kommen zwei Eigenschaften, die andere immer wieder verblüffen: mein extrem gutes Gedächtnis (auch jetzt noch im hohen Alter) und meine Fähigkeit, Probleme zu lösen, die andere häufig noch nicht einmal erkannt haben.

Mit 5 Jahren konnte ich lesen und schreiben, ich habe mir das durch Fragen („was ist das?") selbst beigebracht.

Manchmal klagten Lehrer über mich, daß ich nicht besser produzierte, obwohl ich es können hätte. Ich hatte den netten Griechischlehrer durch fehlende Vorbereitung enttäuscht. Dafür bereitete ich das Homer-Textstück für den nächsten Tag vor, hob meine Hand und hatte es richtig. Den Rest des Jahres wurde ich in Ruhe gelassen. – In einem anderen Gymnasium in Köln tat ich dasselbe mit einem anspruchsvollen Lateinlehrer (Tacitus) prophyllaktisch und wurde dann auch in Ruhe gelassen. Ich lernte mehr von diesen einmaligen Vorbereitungen, als sonst im ganzen Jahr.

In der Volksschule war ich immer der Klassenbeste. Aufs Gymnasium kam ich ein Jahr früher. Ein ganzes Gymnasialjahr holte ich in 6 Wochen Privatunterricht ein. Ich schrieb die beste Lateinarbeit in kürzester Zeit im Abitur. Ich war gut im Medizinstudium und in Sprachen (z. B. Hebräisch, Französisch, Italienisch). Ich trat 1965 in Intertel ein.

Im Umgang mit anderen merkte ich, daß die meisten ein schlechteres Gedächtnis und nicht meine Gabe für „scanning" hatten. Ich konnte Rechtschreibfehler automatisch registrieren. Mein Gedächtnis und meine visuelle Perzeption sind sehr gut, was meine „Feinde" oft haßten. Meine erste Erinnerung reicht zurück, als ich ein Jahr alt war. Da sah ich, wie ein Zeppelin über unser Haus flog. Zu der Zeit sang ich auch schon das Kinderlied „Häslein in der Grube".

Ich wollte schon immer Arzt werden. Ich studierte Medizin in Köln, Bonn, Düsseldorf, Mailand, Basel. Meine Inaugurationsdissertation (1936) lautete „Zur Kenntnis der Orbitalsarkome". Während meines Lebens als Arzt habe ich viele Aufsätze veröffentlicht (z. B. über „Adrenal Cysts" „Diagnotic Triumph") und in der Zeitschrift „Diagnosis" an die 72 Beiträge. Ich bin auch in der Enzyklopädie aufgeführt.

Ich war gern Arzt und ein guter, was mir viele Patienten im Laufe meines Lebens bestätigten. Ich stellte so manche lebensrettende Diagnose (ein Farmer litt unter Beriberi, kein Arzt hatte das erkannt, keiner konnte ihm mehr helfen, als man mich rief. Sofort erkannte ich woran er litt). Ich wurde von vielen Kollegen konsultiert, sie erkannten meine Fähigkeiten an und respektierten mich. Ich arbeitete in verschiedenen Kliniken in Basel, Wien, Jerusalem, später in New York, Boston, Cincinnati und Elyria, Ohio. Ich begann eine Privatpraxis in Mansfield, Ohio.

Ein weiterer Vorteil meiner hohen Begabung war es, daß ich die politische Situation in Deutschland (und Palästina) früher erkannte als die meisten anderen. Ich rettete das Leben meiner Frau und meines auch und auch das meiner Freunde und Verwandten, die auf mich hörten. Nachdem ich in den USA eingewandert war, mußte ich meine Qualifikation als Arzt nachweisen, um eine Praxis eröffnen zu können. Ich machte in New York das Staatsexamen für die medizinische Lizenz als einer von fünfen, die von 300 (darunter viele Professoren) übriggeblieben waren. In vielen Situationen war schnelles Denken und die Analyse der Situation rettend für mich.

In meiner Familie gab es mehrere Hochbegabte: einen Onkel, der Arzt in München war, ein guter Violinist und brillanter Stabsarzt im ersten Weltkrieg. Er wurde später von den Nazis ermordet. Meine Eltern waren beide intelligent, gute Schüler, mein Vater war ein erfolgreicher Fabrikant. Mein Bruder war ebenfalls hochbegabt. Er wurde ein guter Tierarzt.

Ich bin heute zum zweiten Mal verwitwet ich habe aus erster Ehe mit meiner Frau Liesel, Kinderärztin, zwei Kinder: Daniel, geboren 1945, erfolgreicher

Photograph und Susan, geboren 1947. Inzwischen habe ich drei Enkelinnen und einen Enkel.

Ich habe immer gern Sport betrieben (Leichtathletik, Schwimmen, Laufen, Speerwerfen, Fußballtorwart, Ballspiele, Ringen, Boxen, Reiten, das ich mit 40 Jahren begann), reise, fotografiere und koche gern, ich lese viel und gern und liebe Tiere. In meinem Haus habe ich viele „wilde" Besucher: Vögel, Waschbären, Oppossums; ich füttere und beobachte sie. Auch an der Kunst bin ich sehr interessiert, vor allem aus dem frühen 20. Jahrhundert (Expressionismus, „Fauves"Surrealisten, Abstrakte, Kubisten). Ich sehe mir ihre Werke in Ausstellungen an, mache Dias von den Bildern, die ich dann sammle. Ich habe große Sammlungen von Kunstdias. Außerdem macht mir die Gartenarbeit Spaß (Bäume, Büsche, Blumen, Gemüse, Obst).

Wenn ich mein Selbstkonzept beschreibe, so sehe ich in meinen analytischen Fähigkeiten, in meiner Sachlichkeit, meiner realistischen Einstellung, meinem Gedächtnis und meiner Sprachbegabung meine größten Stärken.

Mein Rat an andere Hochbegabte ist der: „Seid bescheiden. Prahlt nie. Laß Deine Leistung für Dich sprechen! Versuche, das Ziel ohne Schande zu erreichen, überwinde Schwierigkeiten. Ruhm und Anerkennung sind angenehm, aber nicht wesentlich."

Glück ist für mich die Befriedigung in der Liebe, gute Gesundheit, Erfolg im beruflichen, persönlichen und „bürgerlichen" Leben.

E. Sch., hochbegabt und Mutter eines hochbegabten Jungen
(Auszug aus ihrem Brief)

Liebe Frau Dr. Fleiß,

ich bin alleinerziehende Mutter und habe Probleme mit meinem 10jährigen Sohn. Vielleicht können Sie mir weiterhelfen...

David war von klein auf ein sehr willensstarkes Kind, er hat sich ganz früh in ganzen Sätzen artikuliert, er konnte sich ganz früh verbal mitteilen, die direkte, kindliche, körperliche Sprache beherrschte er nie. Das gab von klein auf Probleme (schwierig auch, weil ich berufstätig war), er entwickelte sich fast ein bißchen zum Einzelgänger, die anderen Kinder konnten auch nicht so viel mit ihm anfangen. Ich ging damals mit ihm zum Psychologen, weil er immer nach dem Kindergarten Tobsuchtsanfälle bekam und die Oma nicht mit ihm zurecht kam. (Der Psychologe stellte beim damals Fünfjährigen einen IQ von 147 fest. Anm. d. V.). Man sagte mir damals, David sei ein ganz tolles Kind, ein bißchen weiter als normal, die Rahmenbedingungen seien halt nicht so gut, ich sollte mal sehen, wie er in der Schule zurechtkäme, da würde es sich vielleicht regeln, für alle Fälle der Zusatz im Gutachten für eine psychologische Behandlung, falls es sich nicht von selbst klären würde. Angezeigt sei es nicht. Früher einschulen sollte man nicht, das mache man heute nicht mehr, sozial sei das Kind ja nicht so weit und das würde nur belasten.

Der Schulanfang klappte ganz gut, mit einfühlsamen Lehrern. Eine psychologische Behandlung habe ich nicht begonnen.

Allerdings ging die Entwicklung dann so: inzwischen ist seine Neurodermitis immer wieder akut, er ist völlig zurückgezogen, der Hausarzt meint, er hätte fast eine kindliche Depression, Übergewicht, hat am realen Leben kaum Interesse. Er beschäftigte sich immer alleine: am PC. Stundenlang sitzt er am CBFunk. Er hat keine gleichaltrigen Freunde, die Funker sind alle 17, 18 oder Erwachsene und die Gespräche drehen sich nur um technische Fragen, andere Interessen scheint mein Kind nicht zu haben. Technik und Physik. Dagegen hat er Mühe, welchen Tag wir haben, oder was er zu Mittag gegessen hat. Für mich ist es sehr schwierig. David wird auch immer gebremst, weil er noch keine Physik in der Schule hat, macht er alles autodidaktisch mit Handbüchern etc. Natürlich fliegt dann auch mal was gegen die Wand, weil er nicht weiterkommt alleine, aber er schafft es dann doch immer wieder. Meine Versuche, ihn in die Computer AG einer höheren Klasse wenigstens mal reinschauen zu lassen, scheiterten am Veto des Lehrers. Für die Sexta sei das nicht vorgesehen. Ich kann ihn ohnehin nicht bremsen, dann macht er es eben alleine. EDV-Fachleute sagten es mir immer wieder, sein Wissensstand sei für einen 10jährigen, der sich alles alleine beigebracht hat, beachtlich. Ich komme irgendwie nicht weiter. Man sagt David immer wieder: Das ist noch zu früh. In ein paar Jahren! Und ich habe das Gefühl, in ein paar Jahren ist er kaputt. Ich weiß nicht, in der Schule funktioniert er irgendwie ganz gut: Noten so um die 2-3, manchmal krank, er wirkt etwas desinteressiert.... Keine Veranlassung, von den Lehrern aus, etwas zu verändern. Und ich weiß auch nicht mehr weiter.

Können Sie mir helfen?

Maurice Laville, Künstler

Ich denke, daß die Meinung zur eigenen Hochbegabung schon deswegen von Ansichten Dritter geprägt ist, da Schwachbegabungen und Dummheiten in der Regel mit Verständnis – weil nachvollziehbar – von der Umwelt aufgenommen werden.

Manche Hochbegabungen werden anfangs schwerlich als solche ausgemacht, oder sogar als Fehler verstanden.

Wenn mir Menschen begegnen, die einen stumpfsinnig, andere besonders begabt, irritierte mich dies ebenfalls.

Um bei aller Subjektivität doch ein kleines Maß an Objektivem zu gewinnen, die eigene Hochbegabung zu erklären, habe ich dafür ein persönliches Rezept:

Mir selbst die Freiheit zu nehmen, wie jeder andere auch auf einer Bananenschale ausrutschen zu dürfen.

1956 als Friedrich Bunse in Wuppertal geboren

1969 Preisverleihung der Stadt Solingen. In dieser Zeit Kunstunterricht bei Werner Brattig

1974 Abitur

1976 SommerSeminare in Malta (Bildhauerarbeiten)

1990 Anerkennung des paßamtlich eingetragenen Künstlernamens durch den BKK (Bundesverband Bildender Künstler) Düsseldorf

1991 Einzelausstellung in der GalerieASPERA SCULPTURA Königsallee Düsseldorf

ab

1992 Ausstellungen im Theater und Konzerthaus, Solingen

1994 Wanderausstellung in Melbourne / Australien

1995 Stipendium Stadt Rendsburg (Künstlerhaus Burgwall)

Erika Wendelken

Mit fünf Jahren lernte ich selbständig lesen und Druckbuchstaben schreiben. Bei drei älteren Brüdern konnte ich mich bei Bedarf nach unbekannten Buchstaben erkundigen. Da die Auswahl an Kinderbüchern 1945 gering war und ich meine zwei oder drei Bilderbücher mit Versen nach häufigem Vorlesen längst auswendig kannte, „trainierte" ich vorwiegend an den Bildunterschriften des „Sprach-Brockhaus", die gut zu entziffern waren, während der eigentliche LexikonText in Frakturschrift mir zunächst noch zu schwierig war. An den und das große Märchenbuch ging ich dann als nächstes, wobei mich etwas irritierte, daß die Hexe in Schriftdeutsch anscheinend „Here" hieß. Den minimalen Unterschied zwischen dem x und r der Frakturschrift entdeckte ich erst spät.

Da der Stichtag für das Einschulungsalter der 31.3. und ich im Mai geboren war, wurde ich 1946 noch nicht eingeschult, obwohl meine Mutter bei der Anmeldung darauf hinwies, daß ich bereits lesen könne. (Die Einschulung des voraufgehenden Jahrgangs war in den letzten Kriegstagen nicht erfolgt, und durch Flüchtlingszustrom war die Anzahl der schulpflichtigen Kinder ohnehin dramatisch angestiegen.). Bei meiner Einschulung Ostern 1947 konnte ich fließend lesen (egal, ob „alte" oder „neue" Schrift), Druckbuchstaben schreiben und im Zahlenraum bis 100 addieren und subtrahieren. (Die Multiplikation hatte ich im Prinzip auch schon mit fünf Jahren „erfunden"; da ich das Mal-Zeichen nicht kannte, aber ausrechnen wollte, wieviel 3x3 ergibt, schrieb ich 3 + 33 = 9, denn es mußte ja eine 3 mehr sein als bei 3 + 3.)

Im ersten Schuljahr dürfte der Vorsprung, den ich anderen gegenüber hatte, in einer Klasse von über 40 Schülerinnen nur wenigen aufgefallen sein. Im nachhinein glaube ich, daß meine hohe Kurzsichtigkeit, die erst in der 4. Klasse bei einer schulärztlichen Untersuchung festgestellt wurde (und da bereits bei -7/8 Dioptrien lag), dazu führte, daß ich trotz des Lernvorsprungs ganz gut damit ausgelastet war, mitzubekommen, was denn nun an der Tafel gerade zu sehen war. An irgendwelche positiven oder negativen Reaktionen der anderen Kinder erinnere ich mich jedenfalls nicht.

Ich glaube, meine erste Lehrerin hat erst durch meine um ein Jahr ältere Freundin erfahren, daß ich längst lesen konnte. Sie hat mich dann einmal eine Stunde länger in der Schule behalten, und ich mußte der zweiten Klasse einen fremden Text aus deren Lesebuch vorlesen damit sich einige der „Großen" ein Beispiel daran nähmen.

Der Lehrer, den ich vom 2. bis 4. Schuljahr hatte, bemerkte meine hohe Intelligenz und stellt mir häufiger besondere Aufgaben. Andererseits erinnere ich mich an ein paar Situationen, in denen ich stinksauer auf ihn war, weil ich mich im Unterricht als einzige meldete und trotzdem nicht herangenommen wurde, weil er lieber stundenlang (so kam es mir vor) abwartete, bis sich noch jemand meldete.

Dieser Lehrer richtete eine Klassenbücherei ein und verschaffte mir dadurch endlich genügend Lesestoff. Als in der 4. Klasse die Entscheidung für eine weiterführende Schule anstand, überzeugte er meine Eltern davon, daß sie mich im Gymnasium und nicht in der Realschule anmelden sollten, wie sie es vorgehabt hatten.

Nun zu meinen ersten Kindheitserinnerungen:

Einige „Momentaufnahmen" aus dem 3. und 4. Lebensjahr, ziemlich banale Situationen eigentlich: Mutter fährt mich (in der Sportkarre) zum Friedhof, wo der Grabstein, der auf Omas Grab gesetzt werden soll, an einen Baum gelehnt steht; mein blaues „Amiesen"Kleid und das Mädchen, das das gleiche Kleid trägt und mir stolz seine dazu passende Unterhose zeigt; meine Brüder haben mich zum „Karnickelberg" mitgenommen, wo sie mit ihren Freunden Indianer spielen, während ich als Indianerfrau einen „Braten" aus morschem Holz am Spieß braten muß; bei so einer Gelegenheit kommt der Besitzer des Geländes, und mein Bruder versteckt sich mit mir in einer Bodensenke hinter einem Busch, bis dieser furchterregende rotbärtige Mensch endlich weg ist.

Schummerstunden morgens im Winter: Die Jungen sind zur Schule gegangen, und Mutter sitzt mit mir in der Küche vor dem Herd, in dem das Feuer glüht, und singt mir vor. Ich bettle um das Lied von den zwei Königskindern, obwohl ich weiß, daß ich heulen muß, wenn der Jüngling ertrinkt.

Lebhafte Erinnerung an meinen 4. Geburtstag, weil ich nun ohne Begleitung auf das Plumpsklo gehen darf und das aller Welt zeige.

Der kurze Besuch eines erwachsenen Vetters in Luftwaffenuniform, vor dem ich mich unter dem Tisch verstecke, den ich aber wegen der Uniform für meinen Vater halte.

Ein Nachmittag, an dem Mutter zu unserem ca. 2 km entfernten Pachtland gegangen ist und mich in der Obhut meines Bruders Werner gelassen hat, dem ich nach einem wohlüberlegten Plan entwische, um zu Mutter zu gehen – was mir trotz einiger Probleme auch gelingt.

Die letzten Kriegstage. Nachts ist oft Fliegeralarm. Aus dem Kellerfenster kann man nicht viel sehen, aber hinter Blocks Wiese sieht der Himmel rot aus. Ich singe vor mich hin, was ich die Jungs mal singen gehört habe „Das ganze Scheißhaus steht in Flammen..." Mutter schimpft erst mit mir und dann mit den Jungs. „Ihr solltet Euch schämen, dem Kind so was beizubringen!"

Auf dem Hof stehen Handwagen, voll bepackt mit allem möglichen Hausrat. Die Nachbarn wollen sich im Wald verstecken, weil feindliche Soldaten heranrücken. Mutter hat auch einen Handwagen gepackt, aber sie will noch nicht fort. Rudolf, mein 16jähriger ältester Bruder, der in Stade ausgebildet wird und zum Volkssturm einberufen wurde, könnte nach Hause kommen und niemanden antreffen. Wir bleiben, und die Nachbarn bleiben auch. Rudolf kommt müde und dreckig nach Haus; er ist desertiert, aber der Krieg ist nun sowieso vorbei. Britische Soldaten besetzen die Möbelfabrik nebenan, aber sie tun niemandem etwas. Irgendwann in diesen Tagen muß ich fünf Jahre alt geworden sein. Daran erinnere ich mich nicht!

Meine Familie hat bei mir nie das Gefühl aufkommen lassen, daß ich „etwas Besonderes" wäre. Andererseits wurde ich aber ermutigt, wenn ich mich mit Dingen abgab, für die ich eigentlich noch zu jung war. Ich erinnere mich z. B., daß meine Mutter einmal einen Text las, den ich im 2. oder 3. Schuljahr nach meinen Hausaufgaben geschrieben hatte, und davon offenbar beeindruckt war. Es war, was ich damals noch nicht wußte, eine Schilderung – eine Stimmung des Sommernachmittags; aber sie muß wohl recht gut gewesen sein, denn Mutter, die keine engere Beziehung zum Schreiben hatte, zeigte sie meinem Bruder, der damals in der 10. Klasse und Klassenprimus war, und sie beide nickten mit den Köpfen und sagten dann, ich sollte das Blatt meinem Lehrer mitnehmen. (Der Lehrer nahm diesen Text dann zum Anlaß, ein Extraheft anzulegen, in das alle Schülerinnen, die Lust hatten, freiwillige Aufsätze schreiben konnten.)

Meine Mutter war zeitweise besorgt darüber, daß ich zuviel läse und darüber meine Schularbeiten und die nötige Hilfe in Haus und Garten vernachlässigte. Das ging so weit, daß sie in einem Jahr die Parole ausgab, man sollte mir zu Weihnachten keine Bücher schenken. Aber es gab ja die Klassenbücherei und später im Gymnasium die Schulbücherei. (Vieles, was meine großen Brüder in der Schule lasen, griff ich mir auch. Daß ich „Die Leiden des jungen Werther" mit 10 gelesen hatte, war allerdings ein Fehler. Ich fand es damals doof – und fand erst im Studium wieder einen Zugang dazu.)

Gute Zensuren wurden von mir erwartet; als später (ab Kl. 7 etwa) meine Mathe-Zensur gegen Vier tendierte, war sogar einmal die Rede davon, mich vom Gymnasium zu nehmen. Das war wohl nötig, um meinen Fleiß zu aktivieren. Allerdings blieb Mathematik das Fach, in dem ich etwas tun mußte, und es gab etliche Vieren im Zeugnis, bis ich mir mit Mühe eine Drei für das Abiturzeugnis sicherte.

In den Klassen 5 bis 8 im Gymnasium galt ich als „Professor"; aus diesem Namen, der zeitweise meinen „richtigen" Spitznamen verdrängte, sprach bei einigen Mitschülerinnen Anerkennung und bei anderen Neid. Es gab ein paar Mädchen, die mich dafür, daß ich „alles" konnte, damit „bestraften", daß sie mich meine gesellschaftliche Unterlegenheit spüren ließen. Mein Vater war nämlich Malergeselle und nicht Großhändler. Aber diese Mädchen waren in der Minderheit und verschwanden bald aus meiner Klasse oder von der Schule. Allerdings wurmt es mich noch heute, daß Helmi, die krasseste Vertreterin dieser Spezies, mal in einem Englisch-Diktat, bei dem sie von mir abgeschrieben hatte, eine 1 bekam, während ich wegen eines vergessenen Bindestrichs nur eine 2+ verbuchen konnte...

Daß ich abschreiben ließ, war selbstverständlich. Im Laufe der Zeit entwickelte sich, z. B. in Latein, eine Art Arbeitsteilung: Ich war ziemlich faul beim Vokabellernen, erkannte dafür aber jeden A.c.I. oder Abl.abs., der mir über den Weg lief. So ergänzten meine jeweilige Nachbarin und ich uns optimal. Für andere war es ein „Trost", daß ich unsportlich war – ausgleichende Gerechtigkeit.

In der Oberstufe gab es solche „Probleme" (wenn es denn überhaupt welche waren) nicht mehr.

Vorteile hatte ich selbstverständlich auch. Da ich in Deutsch, Englisch und Latein gut war, ohne allzuviel tun zu müssen, und in Mathematik auch nicht total versagte, obwohl ich Zahlen nie besonders mochte, erwarteten meine Lehrer Gutes von mir. Deshalb reichte es ihnen schon, wenn ich irgendein Detail, das mir zufällig in Erinnerung geblieben war, zum besten gab. Auf diese Art bin ich zu einer Zwei in Chemie im Abiturzeugnis gekommen, die ich bestimmt nicht verdient habe.

Mein Wunsch, Lehrerin zu werden, stand fest, als ich 15 Jahre alt war. Ein längeres als damals das 6-semestrige Pädagogik-Studium hätte ich meinen Eltern nicht zumuten können. Als meine Klassenlehrerin mich kurz vor dem Abitur einmal darauf ansprach, ob ich nicht Studienrätin statt Volksschullehrerin werden wollte (und die Möglichkeit eines Stipendiums ansprach), lehnte ich das ab mit der Begründung, eigentlich wollte ich vor allem schreiben, und dafür erhoffte ich mir als Volksschullehrerin mehr Freiraum. Ein anderer Grund, den ich nicht laut aussprach, war allerdings, daß nach meiner Erfahrung die Studienräte, mit denen ich zu tun gehabt hatte, alle ein bißchen weltfremd gewesen waren, und so wollte ich bestimmt nicht werden.

Während der letzten beiden Jahre auf dem Gymnasium hatte ich einen Job als freie Mitarbeiterin einer Lokalzeitung. Mein Chefredakteur war fest davon überzeugt, daß ich das Zeug zu einer guten Journalistin hätte, und versuchte mich entsprechend zu beeinflussen. Da mir das Schreiben immer sehr wichtig gewesen ist, überlegte ich es mir gründlich, kam jedoch zu dem Schluß, daß das Berichten über Ereignisse auf lange Sicht nicht befriedigen würde. Ich wollte nicht mein Leben lang Gast und Beobachterin sein, sondern beteiligt sein, etwas bewirken.

Ich bin Lehrerin geworden und habe damit den Beruf ergriffen, den ich mir gewählt habe. Die Idee, als Lehrerin an einer Grund- oder Hauptschule hätte man massenhaft Zeit zum Schreiben, war ganz schön theoretisch. Aber irgendwann in den letzten dreißg Jahren ist mir auch der Verdacht gekommen, daß mein Talent zum Schreiben vielleicht doch nicht ausreicht, um eine Revolution der deutschen Dichtung zu veranstalten. Für kleine Dinge, sprachspielerische Formen, reicht die Zeit der Muße.

Ich habe keine Schwierigkeiten im Umgang mit Menschen. Da ich weiß, daß ich neben meinen Stärken auch Schwächen habe, komme ich nicht in Versuchung, mich überlegen zu fühlen. An etlichen Menschen bewundere ich Eigenschaften, die mir fehlen. Vorteile habe ich sicher dadurch, daß ich für manche Dinge einfach weniger Zeit brauche als andere. Ich kann neu Gehörtes oder Gelesenes ziemlich schnell verarbeiten und Zusammenhänge klar ausdrücken (schriftlich besser als mündlich). Es fällt mir relativ leicht, „Gebrauchslyrik" zu produzieren – Gedichte für Jubiläen etc. werden von Freunden bei mir „in Auftrag" gegeben.

Da ich mich nicht zu verstellen versuche, verstecke ich meine Intelligenz nicht. Aber ich hoffe, daß ich sie nicht wie eine Fahne vor mir hertrage. Meine Begabung gehört zu mir wie meine Defizite, und ich bekenne mich zu beiden.

Ich möchte allen hochbegabten Kindern und Jugendlichen folgendes mit auf den Weg geben:

Interessiert Euch für alles, was Euch begegnet, und wartet nicht nur darauf, daß Eure Umgebung Euch „fördert". Setzt Euch mit Menschen, Büchern, Dingen, Kunst, Musik, Politik und meinetwegen sogar mit Sport auseinander. Findet die Dinge heraus, die Euch dauerhaft interessieren. Setzt Euch nicht in gelehrte Elfenbeintürme, sondern setzt Eure Intelligenz auch zum Nutzen anderer ein – um ihnen zu helfen, um sie zu unterhalten oder um einfach mit ihnen gut auszukommen. Bildet Euch nicht ein, daß das Leben Euch eine große Karriere schuldig ist als Lohn für Eure Begabung, die Ihr Euch ja schließlich nicht selbst er-

arbeitet habt, sondern setzt diese Begabung ein, um Dinge, die Ihr tut, wirklich gut zu machen.

Als Erfolg empfinde ich es, wenn ich eine Aufgabe möglichst selbständig und möglichst gut bewältigt habe. Wenn andere das auch bemerken, tut es mir zwar gut, aber ich habe auch schon viele Erfolge ganz alleine mit mir gefeiert!

Glück hat für mich viel mit Harmonie und Übereinstimmung zu tun – Übereinstimmung mit der Natur, mit anderen Menschen, mit Musik, mit der Aussage eines Kunstwerks, mit den Gedanken in einem Buch – und auch mit Entspanntheit und Freiheit von Zwang. Mein erster Gedanke bei dem Wort „Glück" ist: Auf einer Wiese liegen, Sonnenwärme auf dem Bauch, Sonnenlicht rot hinter geschlossenen Lidern und hoch oben der Gesang einer Lerche. Hoffnungslos romantisch?

M. B., männlich, Australien
(Auszüge aus einem langen Brief)

I was born in Neederwert, halfway between Roermond and Eindhoven, the eldest son of a hardworking and reasonably successful businessman. My immediate family-environment believed strongly in hard work and common sense. There were no books around the home.

Neither of my parents had been formerly educated beyond seven years primary schooling and intellectual endeavours were not their primary concern.

However the family had its roots in the area for at least as far back as in the 16th/17th century and there must have been some involvement in intellectual life then, because my mother had access to a scholarship family-trust which was established about that time and specified domicile in Nederweert or Roermond as a necessary condition; but that connection was merely part of the family-folklore.

My earliest clear memory is of me playing with my sister's doll. It had a hard head, just the right thing to hammer pegs into the ground with. But my people were a very sexist lot; I was told never to play with dolls again.

My first scientific experiment must have been soon after: trying to make a wound-up toy move faster. Its wheels moved faster when I lifted it up but it just crawled along when put down, so I gave it a kick in its backside to help it go along. I got a sound thrashing for my show of initiative.

They didn't believe in experimental physics either.

I have one older sister, three younger brothers then two sisters and another brother.

When I was six years old I started to attend the local village-school where I learned to read and write and I had no great trouble to stay at or close to the top of the class range. I did not see myself as any different from the local lads, apart from the fact that 3/4 of the schoolpupils were farmers boys and had other interests than I had.

But I did live through my school-years with a strong suspicion that people were generally dishonest because when I got involved in some disputation they often maintained points of view that were clearly wrong. Where some boys couldn't cope with arithmetic and spelling I saw that as being caused by a poor memory. It didn't dawn on me for quite some time that they were not able to think properly.

Once I had learned to read I tended to read just about anything I could lay my hands on; but there was no support from the schoolteachers and librarymaterial was very limited.

Afterwards I went for secondary schooling to the nearest city, Weert; that move made books more readily available and the teaching staff was better qualified but, with few exeptions, nothing special...

My maths-teacher once told me, among other things: 'In my class you don't ask after the why of things, you believe what I tell you'. And in my German language classes I was once caught out by my teacher being ahead of the class in my thematic work; he accused me of cheating (the system, I assume).

It had the effect that I lost interest in my studies and even managed once to sink to the bottom of the class.

At holiday-time my father decided to take drastic action after reading my latest report-card. He handed me a shovel (among other things he traded in coal) and said: 'You'r obviously not interested in study and you don't need to; I have got 20 tons of coal at the railway-station and I am a man short. The truck-driver can teach you all you need to know to earn an honest living.'...

I finished my final exams by being top of the class. And all was forgiven. My father asked me what I would like as an end-of-the-school present and I said: 'Books!' He gave me 150 guilders, which was quite a bit considering the price of books in those days.

But in the meantime war had come our way: the German armies had moved West and, socially and economically, things became very unstable. Family and friends split in opposing groups, some joined the Nazi party, some resisted, most sat on the fence.

I went to Wageningen to study subjects related to the technical side of the business: grainhandling, flourmilling, stockfoodproduction, etc. It became in many ways an open-ended experience: It was the first time in my life that I got a measure of positive responses to at least some of my individualistic approaches to problems...

It ultimately resulted in me being offered a German scholarship to further my technical studies at a relevant 'Hochschule' provided that I was willing to accept the technical control of a food-producing plant in Germany...

I finished up in the anti-Nazi underground; tramping around with a false 'Ausweis' from one hide-out to another till the end of the war.

I then worked in my father's business, I worked for other people; I just drifted, quite unable to fit into normal social life. Finally, I decided to leave Europe and emigrate to South America. An old boss asked me:'Why don't you go to Australia? Nobody lives there, especially in West Australia.' It was undoubtedly meant as a discouragement.

The man at the Australian legacy told me: 'Australia, the best countsy in the world. With your background and qualifications you'll have a job the day you arrive there.'...

In Australia, after some problems to find an adequate job, I had become acquainted with a migrant from Eastern Europe: intelligent and well educated, he was a great source of information...

Intellectually Australia for me was a dead end. I had still some contact with people in Perth, mainly migrants. But the discussions became rather stale. I came to rely on books almost exclusively... Then, on one of my infrequent trips to Perth, I did meet a former politician. The talk came to my background and my plans for the future. He introduced me to someone attached to a local bureau, where, where I went through a battery of psychological tests. Discussing the results with the supervisor, I was told that I ranked in the top percentiles in all categories...

I married a very intelligent and artistic woman of high moral calibre. We got three daughters. My wife' case was in many ways similar to my own, be it for different reasons. There always were books around here home but their contents were shallow and she was not encouraged to study. Women should know about cooking and sewing...

By the standards of today's society, I didn't achieve any great things in my life, but it was a very varied one and I enjoyed it. I was once told that IQ tests are less reliable for measuring human intelligence than adaptability tests. Have I something to prove yet?

H. Ch., Vater hochbegabter Mädchen
(Auszüge aus zwei Briefen)

Sehr geehrte Frau Dr. Fleiß,

Als Psychologin habe ich volles Vertrauen zu Ihnen. Ich bin so verzweifelt, daß ich Sie dringend um Rat bitten muß... Leider kann ich nichts Positives berichten.

In Niedersachsen besuchten meine beiden Mädchen die „Orientierungsstufe" – was diese Bezeichnung auch immer für einen Sinn haben sollte – und anschließend auf eigenen Wunsch das Gymnasium. Die Kleine mußte bereits nach einem halben Jahr vom Gymnasium auf die Realschule wechseln und die Große ist jetzt, nach der 10. Klasse mit zwei Fünfen – in Englisch und in Französisch – versetzungsgefährdet. Obwohl ich sie eigentlich in den Sprachen für normal begabt gehalten habe, wird sie von Jahr zu Jahr schlechter, und zwar nicht nur zensurenmäßig. Ihr mündlicher und schriftlicher Ausdruck ebenso wie ihr Sprachgefühl sind jetzt in der 10. tatsächlich schlechter als in der Klasse 5 oder 6.

Sie scheint völlig frustriert und von der Schule enttäuscht zu sein. Jetzt beginnt sie schon Mathematik, was ihr bisher sehr leicht gefallen ist, zu vermasseln.

Was soll ich bloß tun?

Seit B. sprechen gelernt hat, konnte sie sich immer treffender und besser sprachlich ausdrücken, selbst als ich (als Erwachsener und Vater) das je gekonnt habe. Jetzt spricht sie beinahe nicht mehr.

Ich bin am verzweifeln, was soll ich nur tun?

Versucht man mit den Lehrern zu sprechen, so scheint jeder ein schlechtes Gewissen zu haben. Jeder Lehrer argumentiert nur in Verteidigungshaltung, obwohl ich doch meines Wissens noch niemanden angegriffen habe, jeder blockt ab. Gemeinsame Ursachenanalysen für schlechte Noten sind nicht möglich, dahin zielende Fragen werden sofort als Angriff auf die Persönlichkeit des Lehrers gewertet.

Vergleiche ich diese Lehrer mit meinen, so muß ich heute einsehen, meine Schule in Schwarzenberg im Erzgebirge war eine Eliteschule im wahrsten Sinne des Wortes. Da ich relativ mittellos bin, kann ich mir die Schule für meine Kinder nicht aussuchen.

Wir müssen davon ausgehen, daß meine Tochter B. wegen Französisch und Englisch das Schuljahr wiederholen muß. Leider muß ich bei B. davon ausgehen, daß dies für sie nur Nachteile bringen wird: Sie kommt in größere Klassen, wird sich langweilen, der psychische Streß kann sie nur noch mehr frustrieren usw. Vielleicht ist sie dann ganz blockiert. Das Schlimmste ist zu befürchten!

B. ist vom Typ her extrem ruhig, sehr mitfühlend und extrem auf Gerechtigkeit bedacht. Dies ist auch nicht erziehungsbedingt, sondern es ist von Anfang an in ihr.

Das sind sehr positive Werte, aber das paßt weder in diese Zeit, noch in diese Gesellschaft. Sie wird Jahre des Erwachsenenalters brauchen, um sich mit Verstand den gegebenen Bedingungen anzupassen. Doch in der Schule gibt es diese Zeit nicht...

Was kann ich tun, um die Entwicklung meiner Tochter nicht völlig zu verderben?

Vielleicht finden Sie ja neben Ihren vielen Aufgaben noch etwas Zeit, mir zu antworten. Ich würde mich sehr freuen.

Mit vielen lieben Grüßen,

...

Sehr geehrte Frau Dr. Fleiß,

gleich heute muß ich noch einen Brief nachsenden, um die Lehrer zu rehabilitieren. Soeben hatte ich ein ziemlich gutes Gespräch mit dem Klassenlehrer meiner Tochter B., das mir auch einige neue Erkenntnisse gebracht hat. Also will ich mich über ihre Lehrer nicht beklagen. Trotzdem bleibt die Frage: Was können Sie mir raten zu tun?

B. redet über fachliche oder sprachliche Dinge nur wenn sie etwas sehr Gutes sagen kann. Außerdem ist sie sehr ehrgeizig.

Nun muß sie in den Sprachen einigermaßen sprechen, um wenigstens eine 4 zu bekommen. Zu Hause kann ich gut beobachten, wie sie jedesmal einen langen inneren Kampf austrägt, ob es denn gut genug sei, was sie sagen will.

Umgangssprachlich und ohne Leistungsdruck plappert sie genau so los, wie jedes andere Mädchen. Da kann man nichts Nachteiliges beobachten.

Meine Annahme läuft nun darauf hinaus, daß sie möglicherweise durch die Notwendigkeit zu sprechen, welche für sie zum Zwang wird, nun blockiert. Auf diese Weise sinken auch die schriftlichen Leistungen.

Mit freundlichen Grüßen,

Dr. Gert Mittring, mehrfacher Weltrekordler im Kopfrechnen

Liebe Ida,

Du schreibst ein Buch über das Leben Hochbegabter. Gern stelle ich Dir einen Bericht über mich zur Verfügung mit der Antwort auf Deine Frage: „Was bedeutet es, hochbegabt zu sein?"

Ich will ihn in Form eines „Anamnese"-Berichts schreiben.

Der Begriff „Anamnese" stammt aus dem Griechischen und bedeutet so viel wie „Erinnerung". Eine solche Erinnerung kann die Familiengeschichte und die Geschichte der sozialen Umgebung beinhalten, meistens ist es aber nur der persönliche Lebensweg, der anamnestisch dargestellt wird. So möchte ich mich in diesem Bericht auf wesentliche Aspekte meines bisherigen Lebens in einer hochbegabtenfeindlichen, ignoranten sozialen Umgebung – und damit meine ich in erster Linie die Lehrer, Mitschüler, auch einige Verwandte – und ihren Einfluß auf meine Lebensgestaltung beschränken.

Ich bin bei dieser Rückschau gezwungen, mich intensiver als sonst (z. B. bei Interviews, in Talk-Shows oder bei Fernsehauftritten) mit mir selbst, meiner Vergangenheit, meinen Freuden und Leiden, meinen Wünschen, Träumen und Erfolgen usw. zu beschäftigen, um die Rolle, die die Hochbegabung in meinem Leben spielte und spielt, zu reflektieren. Mein Bericht beginnt mit meiner ganz großen Liebe, nämlich der zu den Zahlen und zum Kopfrechnen.

Meine Leidenschaft – meine Leiden ...

Meine leidenschaftliche Hinwendung zu Zahlen, ist vielleicht mein Versuch, meine Sicht der Welt anderen Menschen mitzuteilen. Im Alter von etwa 18 Monaten fiel meinen Eltern auf, daß ich zählte. Ich zählte Perlen, Stöckchen, verschiedene Gegenstände, die um mich waren, wie etwa Blumen, Bilder, Geschirr usw. Mit 4 Jahren konnte ich im Tausenderraum mühelos im Kopf addieren und subtrahieren (auch Zehner- bzw. Hunderterüberschreitung). Niemand hat mir das Zählen, geschweige denn das Rechnen, beigebracht.

Mit 6 Jahren faszinierten mich Brüche – die ich für mich „erfand" – und ich konnte schon damit Rechenoperationen durchführen, während sich meine Mitschüler noch mit dem 1 + 1 =? herumplagten. Zu 1 + 1 = ? fiel mir damals ein: 5/5 + 8/8 = 12/6, aber solche „Lösungen" brachten meine damalige Klassenlehrerin eher zur Verzweiflung als zum Entzücken! Ab dem Alter von 8 Jahren begann ich, Algorithmen zu entwickeln und entdeckte so das Wurzelziehen. Mit 12 Jahren entwickelte ich eine Formel für den „ewigen Kalender" und war dann fasziniert davon, was man so alles berechnen kann. Im Kopf natürlich!

Für diese meine Begabung fand ich kein Verständnis in meiner Umgebung. Ich wurde sogar als aggressiv eingeschätzt und fand keinerlei Zuwendung. Einhergehend mit meinem mathematisch-algorithmischen Denken hat sich auch meine Sprache abstrakter als für mein Alter üblich entwickelt.

Rückblickend wird mir deutlich, warum mich keiner verstand oder keiner „vernünftig" mit mir diskutieren wollte. Ich dachte und sprach sehr abstrakt, vermied jegliche Redundanzen oder Wiederholungen und Erklärungen. Mir war nicht bewußt, daß andere nicht so dachten wie ich und mehr Interesse an Gesprächen über alltägliche Dinge hatten, die mich wiederum kaum interessierten. Meine Annahme, ich sei normal intelligent, normalbegabt, ergab für mich die selbstverständliche Schlußfolgerung, daß mich die anderen verstehen müßten. Es wurde mir nicht bewußt – hatte ich doch keine Vergleiche – daß meine Sprache sich für die meisten Menschen nicht als Kommunikationsmittel eignete. Verständigungsprobleme führte ich auf meine Inkompetenz zurück.

Diese „Komplexe", die ich mir im Laufe der Zeit aneignete, motivierten mich, in einem Bereich meine Fähigkeiten auszubauen, in welchem ich anderen weit voraus war: im Umgang mit Zahlen, Algorithmen und im Kopfrechnen. Das ließ mich aber noch weiter vereinsamen, so daß ich zunehmend nur noch ältere Menschen ansprach, von denen ich mehr Verständnis erwartete und erhoffte als von Gleichaltrigen. Letztere hatten auch andere Interessen als ich, daher wurde die Welt der Zahlen immer mehr mein Refugium, eine Art Heimat.

Meine Schulzeit

Natürlich konnte ich diese älteren Menschen unter den gleichaltrigen Klassenkameraden nicht finden – daher wandte ich mich an die Lehrer: Wenn sie mich verstanden hatten, was selten vorkam, wurde ich vor Freude so übermütig, daß ich mich kaum beherrschen konnte.

Traurig war, daß es nur wenig geistiges Reizmaterial für mich gab – insbesondere in der Montessori-Grundschule. Ich war sehr schnell mit allem fertig und wollte mehr lernen. Da mir keine weiteren Möglichkeiten zum Lernen geboten wurden, wurde ich aggressiv, weshalb ich als erziehungsschwierig eingestuft wurde. Meine Eltern erhielten die Nachricht, daß ich in die Sonderschule wechseln sollte. Doch dank ihrem Einsatz kam ich nicht dorthin, sondern wechselte in eine andere, strengere Grundschule.

Mein Wunsch, eine oder mehrere Klassen zu überspringen, wurde nicht ernst genommen. Wahrscheinlich lag es daran, daß meine Leistungen immer schlechter wurden. Daß aber ein Zusammenhang zwischen Unterforderung und meinem Leistungsabfall bestehen könnte, hat wohl keiner meiner damaligen Lehrer begriffen. So kam es dann, daß die Schule für mich ein Ort der Langeweile und des Frustes wurde, und jeder Schulgang ein Leidensweg war. Zum Glück wurde letztendlich ein psychologischer Test mit mir gemacht, durch den meine Begabung erkannt wurde, und ich somit auf das Gymnasium wechseln durfte.

Aber bald stellte sich auch dort Langeweile ein. Meine einzige Freude waren da die Zahlen, denen ich mich fast in jeder Schulstunde widmete. Die negativen Bemerkungen meiner Lehrer motivierten mich in keiner Weise zu einer aktiven Mitarbeit im Unterricht.

Das Fatale daran war und ist – und dieses wird mich wohl mein ganzes weiteres Leben begleiten – daß ich durch mein Desinteresse aufgrund von Unterforderung auch wichtige und nützliche Dinge, die man so in der Schule lernt, nur am Rande mitbekommen habe. Das schlechte Zeugnis läßt sich noch eher verschmerzen als das wertvolle Wissen, das sozusagen an mir vorbeigezogen ist.

Mein Fazit ist, daß meine Schulzeit weitgehend eine Leidenszeit war, geprägt vom Unverständnis der Umwelt und von der Langeweile.

„Aufschwung" und Wendepunkt

Die Zeit an der Universität Bonn, an der ich Informatik und im Nebenfach Psychologie studierte, war etwas angenehmer für mich. Nicht nur deshalb, weil die Anforderungen höher als in der Schule waren und mir mehr Spaß bereiteten, sondern auch, weil das Umfeld und die Rahmenbedingungen, die man weitgehend selbst gestalten konnte, meinem Temperament und meinen Bedürfnissen mehr nahekamen.

Trotzdem war ich auch hier nicht glücklich. Es fehlten mir immer noch verständnisvolle, warmherzige Menschen, die mir Zuwendung hätten geben können, die ich gebraucht hatte. Ebenso fehlten mir adäquate Gesprächspartner, die – wie ich – Spaß am Kopfrechnen, am Umgang mit Zahlen und an komplexeren, abstrakten Themen hatten.

Eine große Freude war für mich deshalb der Auftrag meines Professors (der meine Spezialbegabung wohl erkannt hatte), als Student vor Kommilitonen ein Seminar über Kopfrechnen und die von mir entwickelten Algorithmen und Heuristiken abzuhalten. Diese Freude brachte die erste Farbe in mein bisheriges Leben.

Zu dem Zeitpunkt kam ich auch mit Esoterik in Berührung. Von ihr erhoffte ich mir innere Ruhe und weitere Erkenntnisse. Das Neue, Verborgene, Mystische faszinierte mich. Ich lernte Reiki und erwarb den zweiten Grad.

Nach meinem Informatik-Diplom ließ ich mich von Frau Dr. Fleiß testen. Sie setzte eine Reihe von sprachgebundenen und sprachfreien Intelligenztests ein und sagte mir als Ergebnis, daß die Aufgaben wohl nicht schwierig genug wären, um meinen wahren Intelligenzquotienten exakt zu ermitteln. Meine Ergebnisse lagen durchwegs über 99% oder bei 100%. Mein IQ liegt somit über 150, vielleicht auch bei 160. Diese Nachricht war für mich der Wendepunkt. Hatte ich mich vorher für nicht besonders intelligent gehalten, weil ich mit meinen Altersgenossen kaum zurechtkam. So wurde es mir jetzt schlagartig klar, warum. Ich war nicht dumm, sondern weitaus klüger als die anderen, deshalb das Nicht-Verstehen.

Langsam wurde mir klar, daß meine Hochbegabung vielleicht der Schlüssel zu meinen bisherigen unerfreulichen Erlebnissen und Situationen in meinem Leben war. Ich war intelligenter als der Durchschnitt, wußte dies aber nicht und schätzte mich selbst aufgrund der Mißerfolge als dumm, wertlos, unfähig ein. Keiner war da, der mich erkannte und der mir geholfen hätte, zu mir selbst zu finden...

Es ist nun – nach einer solchen Erkenntnis – alles andere als schwierig, die beiden oberen Abschnitte („Meine Leiden", „Meine Schulzeit") zu verstehen und nachzuvollziehen. Später habe ich erfahren, daß mein bisheriges Leben nach dem gleichen Schema verlief, wie das bei vielen Hochbegabten der Fall ist. Hochbegabung – Unterforderung – Selbstzweifel – Mißerfolg – Einsamkeit! Ein Teufelskreis, den niemand für mich unterbrochen hatte!

Heute, einige Jahre nach dem Test, hat mein Leben einen neuen Verlauf genommen: Ich habe ein Promotionsstudium im Fach Heilpädagogik an der Universität zu Köln abgeschlossen, habe meine Dissertation in gekürzter Form als Buch veröffentlicht, ich engagiere mich in vielen Funktionen und Aufgabenbereichen für Hochbegabungsforschung und Hochbegabtenförderung und für Erfinder. Ich bin Regionaldirektor im Hochbegabtenverein Intertel und habe vielerlei Kontakte zu interessanten Personen und Institutionen. Ich bin selbstbewußter geworden, weiß meine Fähigkeiten und Grenzen besser einzuschätzen, habe Freunde und kompetente Gesprächspartner und fange wieder an, mit viel Interesse, Neugier und Zielstrebigkeit zu lernen!

Was mir die Schule abgewöhnt hat – die Leistungsmotivation, die Freude am Lernen – ist plötzlich wieder da!

Habe ich bisher versucht, mich selbst zu verstehen, so versuchen nun andere, mich zu verstehen: die Wissenschaftler, insbesondere die Hirnforscher.

Seitdem ich mit 20 Jahren die 137. Wurzel aus einer 1000stelligen Zahl im Kopf gezogen hatte, staunten nicht nur meine damaligen Professoren; dieses Ergebnis wurde auch in der Öffentlichkeit präsentiert. Fernsehen und Presse waren von meinem Können beeindruckt.

Ein Jahr später wurde ich an der Universität Bonn am Psychologischen Institut eingehend untersucht: Hier stellte ich meinen ersten Weltrekord auf: Unter strenger Aufsicht mehrerer Wissenschaftler zog ich aus tausendstelligen Zahlen die 137. Wurzel, wobei meine beste Zeit bei 13,3 Sekunden lag. Diese Leistung brachte mir die erste Eintragung ins Guinness-Buch der Rekorde.

Das war der Anfang. Inzwischen brachte ich es auf über 15 Weltrekorde im Kopfrechnen, gab viele Vorführungen in Schulen, hielt Vorträge an Universitäten, erhielt Auftritte im Fernsehen und gab Interviews in Presse und Rundfunk. Ich war in vielen Ländern der Welt, in den USA, in Namibia, in Griechenland und in Österreich, in Thailand, in Island und auf den Philippinen, auf Spitzbergen und den Seychellen – überall suchte ich den Kontakt zu Kindern und Lehrern, trat in Schulen oder Universitäten auf und gab Interviews im Fernsehen und in der Presse, in welchen ich meine Freude am Rechnen den Menschen mitteilte.

Meine Zukunftsvisionen

Was liegt näher, als aus meinem bisherigen Leben zu lernen, Erkenntnisse zu gewinnen, Schlußfolgerungen zu ziehen und diese an ähnlich Betroffene weiterzugeben?

Von großem Glück kann ich nur sagen, daß ich die Psychologin Frau Dr. Ida Fleiß kennengelernt habe, die meine Situation damals schnell erfaßt hatte und die mich bei meinen weiteren Vorhaben sehr unterstützte. Das tut sie auch heute noch. Sie führt mich in interessante Kreise ein, nimmt mich zu internationalen Kongressen, zu Konferenzen oder wichtigen Veranstaltungen, in denen es über Hochbegabung geht mit, auf denen sie referiert und bietet mir so manche Chance, mich selbst als Wissenschaftler zu etablieren.

Auf diese Art und Weise habe ich prominente Begabungsforscher und Psychologieprofessoren, wie Prof. Csikszentmihalyi, auf einer Konferenz in Seattle, oder Prof. Mönks auf einer Tagung in Oxford, um nur zwei zu nennen, persönlich kennengelernt. Auch in Deutschland, in der Schweiz, in Österreich, in Thailand, auf den Philippinen und in den USA durfte ich u. a. hohe Beamte in den Ministerien sprechen. Auf Kongressen habe ich mit so manchen Referenten aus aller Welt Kontakt aufgenommen, Informationen ausgetauscht oder gegenseitige Besuche initiiert.

Auch mit Erfindern wurde ich durch Frau Dr. Fleiß bekannt gemacht. Nicht nur, daß ich mich jetzt selbst als Vorstandsmitglied im „Innovationsfonds für das Volk e. V. Berlin" engagiere, ich lernte auch so berühmte Erfinder wie Senator E. h. Prof. Dr. phil. h. c. Dr.-Ing. E. h. Artur Fischer kennen, einen freundlichen, weisen, natürlichen Menschen, der mir so manche seiner Lebenserfahrungen und Lebensweisheiten weitergegeben hat.

Im Moment befasse ich mich mit mehreren interessanten Projekten, z. B. zum Thema mathematische Hochbegabung bzw. Rechenschwäche, mit psychologisch-statistischen Problemen und mit der Entwicklung von Algorithmen für verschiedene Anwendungsbereiche. Mit meiner Beschäftigung mit mathematischer Hochbegabung und den Schlußfolgerungen daraus für den Umgang mit mathematisch hochbegabten Kindern möchte ich dafür sorgen, daß mathematische Hochbegabungen so früh wie möglich erkannt werden und gefördert werden können. So könnte so manchem mathematisch hochbegabten Kind ein ähnliches Schicksal, wie es mir widerfahren ist, vielleicht erspart bleiben. Aber auch das Thema Dyskalkulie, dem ich gelegentlich bei Kindern begegne, interessiert mich sehr.

Ich meine, daß Hochbegabte in unserer Gesellschaft immer noch „Stiefkinder" sind. Nicht jeder Hochbegabte hat Glück, wie ich es hatte – wenn auch spät! – als hochbegabt erkannt zu werden. Ich kenne einige, die aufgrund ihrer Hochbegabung abgedriftet sind und ein einfaches Dasein fristen. Wie schmerzvoll muß es für sie sein, mit ihrem klaren Verstand eine solche Situation zu durchschauen und sie ertragen zu müssen!

Frau P., Wien, Mutter eines hochbegabten Jungen

aus einer E-Mail:

Als Mutter eines hochbegabten 7jährigen bin ich gemeinsam mit seinen Lehrern dabei, Informationen, Literatur und Tipps zu sammeln, wie wir ihn dabei unterstützen können, seine Begabung auch wirklich als Gabe und nicht als Bürde zu erleben. Er ist ein fröhliches, aufgewecktes und neugieriges Kind mit sehr viel Freude am Lernen, dies möchten wir ihm gerne erhalten. Ich hoffe, daß Sie uns dabei helfen können.

Mit freundlichen Grüßen,

...

Vielen Dank für Ihre e-mail! In Ihrer Beschreibung kann ich meinen Sohn gut wiedererkennen. Er interessiert sich sehr für Sternenkunde (wußte mit 5 bereits ganz genau über die Planeten in unserem Sonnensystem Bescheid), Dinosaurier – überhaupt Tiere, Pflanzen, Mineralien und auch für Sprachen. Eigentlich interessiert er sich für so ziemlich alles, und er muß immer alles ganz genau wissen. Er macht sich auch viele Gedanken über Umweltverschmutzung und Umweltschutz und über Menschen und ihre Empfindungen, Krieg... Er ist sehr sensibel, hat einen stark ausgeprägten Gerechtigkeitssinn, kümmert sich um Schwächere...

Es macht große Freude, ein so liebes, interessiertes und begeisterungsfähiges Kind zu haben – natürlich ist es manchmal sehr anstrengend, wenn man abends müde von der Arbeit kommt, noch tausend Fragen zu beantworten. Sehr schwierig empfinde ich die Gratwanderung, ihm alles ausreichend und für ihn zufriedenstellend zu erklären ohne ihn zu sehr wie einen Erwachsenen zu behandeln...

Nochmals vielen Dank und liebe Grüße

Nina J.

Liebe Frau Dr. Fleiß,

Ich habe erfahren, daß Sie eine Faktensammlung für ein Referat zum Thema Hochbegabtenförderung anlegen, und ich möchte mich dazu speziell zu einem Punkt äußern, der mir aus eigener Erfahrung als sehr wichtig erscheint.

Wenn es um schulische Probleme Hochbegabter geht, werden in allererster Linie Unterforderung und als Folge davon Langeweile und Leistungsverweigerung genannt: Dies ist mit Sicherheit nicht zu unterschätzen, daneben ist jedoch auch – als zwar weniger auffällig, aber nicht weniger problematisch – die soziale Situation hochbegabter Schüler innerhalb der Klassen-/Schulgemeinschaft zu nennen sowie die Art, wie Lehrer damit umgehen bzw. nicht umgehen sollten.

Einleitend kurz zu meinen persönlichen Erfahrungen:

Als ich in der Quarta war, wollte mein Lehrer testen, ob meine sehr guten Leistungen in Klassenarbeiten tatsächlich spontan zustande kämen oder auf intensivem Lernen beruhten, und ließ daher innerhalb von knapp drei Wochen vier unangekündigte Klassenarbeiten in Englisch schreiben. Etwas später verkündete er auf einem Elternabend vor den Eltern der gesamten Klasse, weshalb er das getan hatte, und auch, daß ich mit vier Einsen bewiesen hätte, daß mit mir nicht ständig nur „gepaukt" würde. Direkt an meine Eltern gerichtet setzte er noch hinzu, Hochbegabung sei ein sehr schwieriges Gebiet, von dem er lieber die Finger lassen wollte. Damit war die Angelegenheit für ihn und alle anderen Lehrer weitgehend erledigt. Die Eltern meiner Mitschüler, mehrheitlich empört darüber, daß ihre Kinder meinetwegen vier schlechte Klassenarbeiten geschrieben hatten, hatten diese negative Einstellung mir gegenüber natürlich sofort an ihre Kinder weitergeben, so daß ich für die restlichen sechs Jahre meiner Schulzeit dem Neid und sogar Haß meiner Mitschüler z. T. sehr massiv ausgesetzt war, mit allerlei sehr unschönen Erlebnissen und leider auch längerfristigen psychischen Folgen für mich.

In dieser ganzen Zeit wurde von Lehrerseite nichts zu meiner Unterstützung getan, da ich weiterhin gute Arbeiten schrieb, nicht randalierte oder sonstwie derart auffällig wurde, daß pädagogische Maßnahmen absolut unumgänglich geworden wären. Es erfolgten lediglich in mehr oder weniger regelmäßigen Abständen eher verständnislose Ermahnungen, ich sollte mich doch auch mündlich mehr am Unterricht beteiligen, ohne daß sich jedoch jemand die Ursache für mein Schweigen klarmachte. Fast jede meiner Äußerungen, mochte sie auch noch so richtig sein, wurde von der Klasse sofort lächerlich gemacht, ohne daß jemals ein Lehrer ernsthaft eingegriffen hätte.

Nach dem Abitur dachte ich zunächst, diese unschönen Erfahrungen ließen sich relativ leicht abschütteln, aber erst jetzt, fast sieben Jahre später, merke ich, wie sehr ich tatsächlich dadurch geprägt bzw. eigentlich verbogen wurde.

Deshalb halte ich es für sehr wichtig, darauf hinzuweisen, daß auch der äußerlich scheinbar unproblematische hochbegabte Schüler Unterstützung benötigen kann, eben außerhalb des Bereiches der reinen Wissensvermittlung, und vor allem darauf, daß „Pädagogen" nicht leichtfertig den Begriff Hochbegabung ins Spiel bringen sollten, wenn sie nicht bereit sind, sich auch tatsächlich mit dem Thema bzw. dem Schüler zu befassen. Damit wird dem Betroffenen u. U. sehr viel mehr geschadet als genützt, zumal in der heutigen Zeit, da das Gymnasium immer mehr zur Regelschule wird und daher auch die Zahl der Schüler, die sich im Unterricht permanent überfordert fühlen, zunimmt. Damit steigt auch das Neid- und Haßpotential gegenüber einem Mitschüler, der eben keine Probleme mit der verlangten Leistung hat.

Eine Förderung Hochbegabter darf sich m. E. daher nicht nur auf die Leistungen und den intellektuellen „Appetit" erstrecken, sondern muß – gerade in der für die Entwicklung der Persönlichkeit wichtigen Zeit der Pubertät – auch die soziale und persönliche Situation des hochbegabten Schülers mit einbeziehen.

Mit freundlichen Grüßen,

Andrea Heinze, Mutter eines hochbegabten Jungen

Erfahrungen

Wir ließen unseren Sohn Pierre (11 Jahre) und unseren Pflegesohn Christoph Sch. (6 Jahre) testpsychologisch untersuchen. Es wurde bei beiden eine Hochbegabung festgestellt. Nach anfänglicher „Verwirrtheit" mußte schnell gehandelt werden. Pierre besuchte zu diesem Zeitpunkt die 5. Klasse einer Grundschule, das Schuljahr hatte gerade begonnen. Bei seiner Klassenlehrerin und auch der Direktorin stießen wir auf Skepsis. Wir beantragten eine Versetzung an ein Gymnasium. Das Schreiben der Grundschule enthielt die Empfehlung für eine Realschule, die es in Berlin erst ab der siebten Klasse gibt.

Nach intensiver Suche fanden wir ein Fremdsprachen-Gymnasium, das Pierre mitten im Schuljahr (aufgrund des Gutachtens) aufnahm. Pierre freute sich, auf eine andere Schule zu kommen, da er in der Grundschule viele negative Erlebnisse hat hinnehmen müssen.

Die ersten drei Tage am Gymnasium gefielen Pierre sehr gut. Er wollte nicht, daß jeder weiß, warum er jetzt in dieser Klasse ist. Seine Mitschüler akzeptierten seinen Wunsch und fragten nicht weiter nach. Am vierten Tag lernte er seine Biologielehrerin kennen. Sie forderte ihn im Unterricht auf, bekannt zu geben, warum er hier ist. Weiterhin fragte sie ihn über Hausaufgaben aus der Grundschule aus. Da Pierre sich nicht genau an alle Hausaufgaben erinnern konnte, sagte sie zu ihm: „Dafür, daß du hochbegabt bist, weißt du ganz schön wenig!". Diese Aussage veranlaßte uns zu einem Gespräch mit der Biologielehrerin und seiner neuen Klassenlehrerin. Als Antwort zu ihrer Äußerung erhielten wir den Satz, daß auch sie hochbegabt sei. Sie mußte sich damals testen lassen, aber richtig! Nicht nur da einen Strich machen und dort ein Kreuz setzen, da wurde Wissen abgefragt. Alle weiteren Erklärungsversuche unsererseits hätten wir uns sparen können – sie verstand vom Thema Hochbegabung nichts. Kein Einsehen, keine Entschuldigung für ihre Aussage – was eine Mißachtung der Persönlichkeitsrechte ist!!!

Einige Zeit verging und Pierre erhielt von ihr die Aufgabe, seinen Biologiehefter während der Ferien neu zu gestalten, mit karierten Blättern! Zusätzlich wird sie auch die Rechtschreibung zensieren. Die stellt für uns eine reine Schikane dar – worauf wir antworten. Die Biologielehrerin erhält ein Schreiben von uns, in dem wir darauf aufmerksam machen, daß Pierre mit seinen Aufzeichnungen lernen muß, aber nicht dazu verpflichtet ist, seinen Hefter nach ihren Vorstellungen zu gestalten. Weiterhin erinnerten wir sie daran, daß Ferien, Feiertage und freie Wochenenden der Erholung dienen, nicht jedoch dazu, um den Wünschen von Lehrern nachzukommen. Wir baten in unserem Schreiben darum, daß sie etwaige Probleme mit uns klären soll, nicht aber mit Pierre! Eine Antwort steht noch aus.

Abgesehen von den Problemen mit dieser Lehrerin hat die Schule für Pierre auch Positives gebracht. Er hat dort Freunde gefunden, die es bis zu diesem Zeitpunkt nicht gab. Sein Selbstbewußtsein/Selbstvertrauen ist langsam gestiegen. Pierre weiß, daß es manchmal für ihn schwieriger wird, sobald wir uns mit den Lehrern auseinandersetzen, aber er wünscht dies auch, er möchte, daß die Ungerechtigkeit „gesühnt" wird. Wir werden jeder weiteren Schikane, Mißachtung o. ä. ein Echo folgen lassen. An der Art des Lehrens werden wir wohl kaum etwas ändern können, aber für die Persönlichkeitsrechte unseres Sohnes werden wir uns immer mit Nachdruck einsetzen!

Wenn man den Lehrern nicht Einhalt gebietet und ihnen nicht zeigt, daß es so nicht geht, werden sie immer so weiter machen wie bisher – das darf nicht sein – Lehrer sollten Vorbilder darstellen, nicht Abschreckung!

Für Christoph gestaltet sich das Schulleben ähnlich, schon in der ersten Woche wollte er nicht mehr zur Schule gehen. Er wollte lesen und rechnen lernen. Es wurde aber damit angefangen, Striche in unlinierte Hefte zu zeichnen. Nach 9 Wochen lernten sie die Ziffer 6 zu schreiben. Sein Frust zeigte sich darin, daß er anfing, im Unterricht zu quatschen, seinen Kopf auf den Tisch legte, einfach nicht mitmachte. Seine Heftführung läßt zu wünschen übrig. Zu Hause jedoch ist er wißbegierig, schreibt Wörter, rechnet (ohne Hilfsmittel) und stellt uns Rechenaufgaben. Für die Lehrerin sagen seine Leistungen aus, daß er im Kindergarten besser aufgehoben wäre. Mehrere klärende Gespräche (mit Hinweis auf das Gutachten) folgten, meist alle zwei Wochen. Die Lehrerin schien einsichtig und sagte zu, andere Lerntechniken bei ihm anzuwenden. Es geschah jedoch nichts. Es folgte ein weiterer Gesprächstermin, bei dem uns mitgeteilt wurde, daß Christoph die erste Klasse wiederholen soll. Seine Schreibleistungen sind katastrophal, er hält sich nicht an die Regeln usw. Da helfe uns auch der IQ-Test nicht, ist ihre Meinung! Eine „Dehnklasse" oder so wäre vielleicht gut für ihn, war ihr Vorschlag. Weiterhin wurde uns ein Bild von Christoph vorgelegt, das er im Zeichenunterricht anfertigte (er malte sich als Indianer). Dieses Bild wurde von mehreren Lehrern ausgewertet mit der Feststellung: Christoph benötigt dringend psychologische Hilfe. Seine Lehrerin gab zu, keinen Draht zu ihm zu haben. Diese Aussagen veranlaßten uns, einen Wechsel in die Parallelklasse zu beantragen sowie einen Termin mit dem Direktor der Schule zu vereinbaren. Dieser Termin ergab, daß der Direktor voll hinter seiner Lehrerschaft steht. Die Aussage der Lehrerin zum Wiederholen der ersten Klasse wurde von ihm als Mißverständnis hingestellt. Ansonsten könnten wir doch froh sein, daß sich die Klassenlehrerin so um ihn kümmert (bezogen auf die psychologische Hilfe). Da wir zu keiner Einigung kamen, wurde uns ein weiterer Termin zusammen mit der Klassenlehrerin vorgeschlagen. Wir sind nun am überlegen, ob wir eine Umschulung in eine andere Schule vornehmen werden. Ein weiteres Gespräch wird sicherlich ohne Ergebnis bleiben, zumal das Vertrauensverhältnis drastisch gestört ist.

In allen Gesprächen, die wir mit den Lehrer/innen führen, versuchen wir, das „Andersdenken" zu erklären. Allein schon, um ihnen die Möglichkeit zu geben, zu verstehen, was da vor sich geht. Immer wieder müssen wir feststellen, daß unsere Ausführungen scheinbar als Angriff auf ihre Person und ihre Fachkompetenz gewertet werden. Ein Kind, das nicht in die Linie dieser Schule paßt, wird offensichtlich stets als Außenseiter dastehen. Seine Leistungen werden als negativ, sein Verhalten als störend hingestellt – weil das Kind angeblich nicht über genügend Intelligenz verfügt, um diesen Lehrstoff zu bewältigen. Der Satz „Da mußten wir alle durch", ist eindeutig überholungsbedürftig! Er sollte eher lauten: „Dagegen haben wir uns alle gewehrt, damit das Lernen Spaß macht und die Rechte der Kinder unangetastet bleiben!"

Nach diesen beiden kurzen Erfahrungsberichten sind wir zusammenfassend zu der Überzeugung gekommen, daß es unseren Kindern wenig nützt, wenn wir versuchen, sie „auf Kurs" der Schule zu bringen. Jeder Versuch, Lehrern die Problematik zu erklären, endet darin, daß unsere Kinder schikaniert werden und unsere Argumente und Informationen gegen sie verwendet werden.

Die Symptomatik vermeintlichen Leistungsversagens hochbegabter Kinder ist oberflächlich betrachtet gleich der lernschwacher Kinder. Wir dürfen nicht müde werden, das „Anderssein" zu erklären und darauf zu drängen, dies zur Kenntnis zu nehmen und zu verlangen, daß sie ihren Möglichkeiten entsprechend gefördert werden. Die Anforderungen der Schule können viele hochbegabte Kinder nicht erfüllen, weil sie aus ihrer Sicht nicht nachvollziehbar sind. Sie verstehen zum Beispiel nicht, warum man den Rechenweg des Lehrers benutzen soll, wenn man das Ergebnis doch schon mit der Aufgabenstellung vor Augen hat. Die Methodik des Mathelehrers mag zwar für den größten Teil der Schüler hilfreich sein und zum Erfolg führen, Kinder mit dem Hang zu eigenen Wegen laufen jedoch Gefahr, an diesen „Hilfsmitteln" zu zerbrechen. Aber der Lehrer (Pädagoge) hat ja schließlich studiert, wie man Kindern etwas beibringt und hat insofern keinerlei Verständnis dafür, daß eine geringe Anzahl von Kindern seiner Klasse mit seiner Erklärung nichts anfangen kann. „Lernschwäche", so die einzige Erklärung, denn wenn jemand hochbegabt ist, dann hat er/sie ja keine Schwierigkeiten, das zu verstehen.

Wenn die Betroffenen (Kinder und deren Eltern) aufgeben, sich gegen die Mißachtung ihrer Persönlichkeit aufzulehnen, denn werden sie sich immer unverstanden und „falsch" behandelt fühlen.

G. R., Malerin, London

Ida, you are doing a great job! Congratulations!

Ciao!

Here is my autobiographical sketch:

I'm stuck with a surname which, in English at least, suggests rejection. Take heart: I've been described as an ebullient, chummy, full-blooded Italian. I also smile a lot.

Born on the frozen morning of 18 December 1950 in a Piedmontese village at the foot of the Italian Alps, my 10 lb weight nearly killed my mother. A few months later she took me to Montevideo, Uruguay, where my father was starting a little business. At the age of 5, shortly after my sister was born, I was shipped back to Italy to begin my education. I have dazzling memories of the sea voyage – maybe one day you'll read some of the poems about them.

For the next ten years I lived at my grandparent's farm. Chickens, rabbits, piglets were all my pets, and whenever one of them ended up on the dinner table grandma had to put me through a mini premeal counselling session. The fact that those pets invariably tasted delicious didn't always dispose of the sense of guilt.

At school I was soon the odd one out. Because I was independent and liked to think my own thoughts, I was branded as stupid as soon as I got into secondary school. Therefore also my family concluded I was stupid and I became convinced I really was.

I excelled in artistic and verbal skills, and my essays were often read aloud to the whole class, which didn't help me make friends with other children. In secondary school my linguistic aptitude extended to Latin and foreign languages. I enjoyed all subjects, really, although most of the teachers were uninspiring and disliked originality. Some regarded me as rather stupid, abilities notwithstanding.

I had advantages because I was good in the arts and at languages, so that I consistently got good marks in these subjects. But because I found other subjects and the teachers boring I would not study, hence my poor marks and the general conclusion that I was stupid. My success in my favorite subjects counted for nothing.

In 1965 my parents returned to Italy and without much ado I was enrolled in a business administration course, obtaining my diploma in 1969. It was hard work because so out of line with my inclinations, and as a result of this struggling my family too concluded that I wasn't too bright. I would spend much time on my own, reading totally extracurricular stuff, such as astronomy (a spellbinding picture of Saturn got me started at 10). At 14 came the Upanishads, then came Zen, the Dhammapada, and lot more. My greatest delight was finding common concepts running through supposedly unconnected fields of knowledge. When not thus engaged I would listen to the Beatles, rollerskate, horseride, or to go to discos.

In 1974, after 5 years working for a local law firm, I decided to learn English, as this would increase my changes of finding a good job, which theory greatly impressed my parents. Besides, I had always wanted to find out what the Beatles warbled about. So I came to London where I did learn English whilst holding menial jobs and where, for several reasons, I remained. When I became sufficiently fluent I started freelancing as a medico-legal secretary.

When I do work as a secretary, I find it easy to get things done and my employers are pleased with my work. However my peer resent me and often I am told that I am „different". My conversation tends to be on „intellectual" and cultural topics while they are limited to talking about television, drinking etc. I therefore prefer to socialise with people at a higher level, but it's not easy because company rules tend to keep me „in my place".

All this time I painted and wrote. I have published poems in literary magazines and sold paintings privately. Lately I have started exhibiting, and to date I have two mixed shows to my credit, and 13 works in the scenography of a short offbeat film. Experiencing a different lifestyle and much needed solitude have led me to question many assumptions I grew up with, and to conclude that 'normal' and 'proper can be other ways of saying 'mediocre'. I therefore gained confidence in my abilities, and over the years have educated myself by reading, thinking, assimilating notions from diverse branches of knowledge, synthesising and integrating. In 1991 I passed the Intertel test and joined Intertel. However, only ISPE seems to actively encourage learning, achievement and excellence, which are (or ought to be) the primary concern of intelligent individuals.

My focus is on acquiring knowledge/insights relating to consciousness, and I seek these in cosmology, quantum theory, brain chemistry, psychosinthesis, teaching East and West, particularly Gnosticism/Hermeticism, Ouspensky/Mouravieff. I have taken two Silva Method courses (BLS and Supermind), and have biofeedback experience.

Whatever the current medical wisdom, I believe that intelligence can and should increase with age, not viceversa. I also believe the accepted 3 score 10 or so years to be a miserably short time for human consciousness to fully mature. Reincarnation/Recurrence may well be a reality, but I say that all we have for sure is this life, and we've got to work with that. Healthy life extension is therefore my other major interest, my views being quite radical on this particular subject.

Other delights are music (baroque, jazz), sci-fi, intelligent people, health, current affairs, the company of my two budgerigars whose ingenuity shames that of many humans I know (and who won't end up on my table). My favorite gripes are: idiotic TV-offerings, complacency, wilful ignorance, bigotry, inanity, uninformed opinion. My immediate ambition is earning a livin wholly as an artist, which means becoming fairly well-known.

Success is an internal feeling. When you FEEL you are using your abilities to the full, when do the things you want to do and not the things other people want you to do, then that is success. It may bring fame and money, then again it may not. But if you measure success only only in terms of money and fame, you are less likely to achieve it and when you do you will still be dissatisfied.

My message for children is:

If you have intelligence, use it. Do not let anybody put you down. Only you know what is good for you and what you can do. Don't be like sheep, who only do things others do and never think their own thoughts. You owe it to yourself and to humanity to be the best person you can be.

Hans-Georg Weiss

Liebe Ida,

herzlichen Dank für Deinen soeben erhaltenen Brief. Ich versuche, in mich zu gehen und zu ergründen was Hochbegabtheit mir bedeutet.

Mir hat es stets viel bedeutet und große Freude bereitet, in immer wieder neue Gebiete einzudringen, sei es geistig, sei es territorial. So habe ich mit knapp 50 Jahren begonnen, Russisch zu lernen und es zu einer relativ guten Sprachbeherrschung gebracht, habe Vorträge in Russisch gehalten und oft in dieser Sprache Theater gespielt (Tschechow, Gogol und auch Moderne).

Französisch: in der Gefangenschaft zu den Schulkenntnissen Sprechfähigkeit dazuerworben. (Kürzlich hielt ich einen Vortrag über zeitgenössische Architektur vor französischem Publikum in unserer Partnerstadt Cholet in Französisch.) Bei Polnisch bin ich gescheitert, kann es nur schriftlich. Mit etwas über 50 habe ich angefangen Horn zu blasen, viele öffentliche Auftritte unseres kleinen Blasorchesters. Mit 67, 68 und 69 habe ich jeweils das Goldene Sportabzeichen gemacht (war in der Schule in Turnen eine ausgesprochene Niete!). Mit 78 brachte ich mein erstes Buch heraus – Du kennst es –, das zweite, fachlicher Natur, ist in Arbeit. Um es dem Verlag zu erleichtern, habe ich mir vor einem Vierteljahr eine Computeranlage angeschafft, die mir schon gute Dienste geleistet hat. Seit einigen Jahren Ölmalerei, jährliche Ausstellung im Rahmen einer Laienkünstler-Gruppe.

Es juckt mich halt, was Neues kennen und können zu lernen. Das ist wohl auch der Impetus für die Reisen, die ich liebend gerne abseits der ausgefahrenen Straßen unternehme: in den Osten Europas, Polen, UkraineRußland bis Sibirien, Ungarn, Tschechien, oder Frankreich (Bretagne, Auvergne, Bordeaux, Zentralmassiv) u.v.a.m. – wenn Mittelmeerinseln, dann nicht Mallorca, sondern Korsika, Kreta, Malta.

So schlägt mein Herz, das hochbegabte!

Da ich gerade einen etwas ironisch verfremdeten Lebenslauf als Beigabe für meinen bevorstehenden Geburtstag verfaßt habe, lege ich ihn noch bei (die reinen Fakten treffen auf alle zu!). Vielleicht nützt er Dir was, sonst wirf ihn weg! Es grüßt Dich herzlich und wünscht ein erfolg und buchreiches Neues Jahr,

Hans-Georg

AUSZUG aus der BLOCKMAUSENZYKLOPÄDIE:

Weiss, Hans-Georg, Maler, Grafiker, Fotograf, Schriftsteller, Architekt, Hornist, * 6. 2. 1921 in Breslau (poln.: Wroclaw), Sohn eines Richters und einer Pianistin, unternahm schon in früher Jugend mehrfach Auslandsreisen in die ehem. österr.-ungarische Monarchie, dabei entstandene skizzenhafte Werke auf Bierdeckeln und Speisekarten sind verschollen, während spätere Arbeiten, so auch die wegen ihres Realismus aufgefallenen Aktblätter, sich teilweise erhalten haben. Das fotografische Erstlingswerk 1932 – 1944, Dokumentationen seines täglichen Lebens in Schlesien und zuletzt im osteuropäischen Raum, geriet unter polnische Verwaltung.

Seine 1944 angetretene Gruppenreise nach Rußland, bei der ein teilweise erhaltenes zeichnerisches Werk entstand, mußte er, 22jährig, wegen einer dort bei einem Ausflug erlittenen Verletzung vorzeitig abbrechen. Er kehrte nach Deutschland zurück, wo er 1943/44 sein erstes farbiges Œuvre, umfangreiche Wandmalereien in alsecco-Technik in der spätbarocken Klosteranlage St. Nicola in Passau, entstand, welches aber späterer Nutzungsänderung zum Opfer fiel. Nach Zwischenaufenthalt am Starnberger See unterzog er sich 1945 einer mehrmonatigen Freiluftkur am Neckarstrande bei Heilbronn. Es entstanden Karikaturen des täglichen Lebens, von Gedichten eines Freundes begleitet, die aber bei einem Teil der Kurgäste auf Ablehnung stießen und daher auf Anordnung der amerikanischen Kurverwaltung vernichtet werden mußten.

W. reiste darauf nach Südfrankreich. Hier entstanden kleinere Auftragsarbeiten zur Aufbesserung des knapp bemessenen Lebensunterhalts. Nach einigen Monaten konnte er sein in Breslau wegen der Auslandsreise 1941 abgebrochenes Architekturstudium in Hannover fortsetzen. Es entstand der Zyklus „Aquarell der Woche", der noch weitgehend erhalten und z. T. in öffentlichen Besitz übergegangen ist. Ferner entstand in dieser Zeit (1946 – 1951) sein großes grafisches Werk: neben zahlreichen politischen Karikaturen und Plakaten schuf er mehr als 200 Grafiken zur wirtschaftlichen und politischen Situation, die überwiegend in einem bekannten Nachrichtenmagazin veröffentlicht wurden.

1952 wandte er sich der Architektur zu. Sein Wirken erstreckte sich auf den Ausbau der Universität Göttingen, vor allem im Klinikbereich, aber auch für Um- und Neubauten im militärischen Sektor setzte er sich in Göttingen und im hessisch-niedersächsischen Grenzgebiet ein und trug so zur Sicherung der Bundesrepublik an ihrer Ostgrenze bei. 1960 verlegte er seine Tätigkeit nach Oldenburg, der letzten Großstadt vor der Landesgrenze. Durch intensive Planungs- und Bautätigkeit, und unter mehrfacher Einbeziehung befähigter freier, seinem Atelier nicht unterworfener Berufskollegen, verstand er es, in der ehemaligen Fürstenresidenz bauliche Akzente zu setzen. Museums- und Hochschulbauten, Polizei- und Finanzzentrum, Förster- und Straßenmeistereien, und anderes mehr zeugen von seiner Tätigkeit. Nach dieser Phase breitgefächerter Architektur konzentrierte sich W., der unterdessen als 1. Bassist in einem Blasorchester wirkte, auf den Universitäts- und Hochschulbau im westlichen Teil des Bundeslandes. Hier entstanden unter seiner bereichsleitenden Mitwirkung Hochschulbauten in Emden, Wilhelmshaven, Oldenburg und Osnabrück, sowie eine weitere, durch Konkordat mit dem Heiligen Stuhl abgesicherte Hochschulanlage in Vechta.

Zu der Zeit nahm er seine Reisetätigkeit wieder auf, die ihn mehrfach nach Polen und Rußland – dort bis nach Sibirien –, in die Ukraine, nach Ungarn, Tschechien, Griechenland, Italien, Österreich, Liechtenstein, Schweiz, Luxemburg, Belgien, England, Dänemark, in die Niederlande, nach Malta und Spanien und immer wieder nach Frankreich führten. Hierbei entstanden umfangreiche Foto-Dokumentationen, Skizzen und Reiseberichte, die – neben früherem Geschehen – in seinem zeitgeschichtlichen Werk „Ach du liebe Zeit – im XX. Jahrhundert unterwegs" (Isensee, Oldenburg) ihren Niederschlag fanden.

In seinem Spätwerk erleben wir ihn vor allem als Autor von Ölbildern im Geiste des post-abstrakten Realismus, wobei er aber das Zeichnen mit weichem Stift und gutem Radiergummi nie ganz aus den Augen verloren hat.

Peter N., Ungarn

I am a 19-year old Hungarian student studying at the Asia Pacific Management College of the Ritsumeikan University, Japan.

I have been achieving outstanding results in studies and am very active on many different fields of extracurricular activities. I am a project manager and chair person of the Entrepreneurs where we already have launched our own language school. In December I co-founded the Zayba Folkdance Club of which I am the vicepresident and I participate in Ones'1, the UN organization of the university. In 2001 I represented the Consumption Pattern as a delegate to the International Symposium of Sustainable Development where Personal Agenda 21 was formed to encourage all Japanese and later international students to take individual roles in sustainable development. Beside these I do Aikido, South Pacific dance.

Before going to university I graduated from Kaukauna High School, Wiscounsin in 2000, after finishing two grades in one year. In high school I wrestled and run in the varsity teams, I was involved in Knowledge Masters Open and was invited to give a speech about the Effects of Globalization on the Environment to the World Affairs Seminar, held at the University of Wiscounsin.

I graduated in Hungary from Apor Vilmos School Center in 2001 as well. I could keep my straight A record all the way through school and did the graduation exams with perfect results.

Most of my interests focused on science and environmental concerns. I completed from fifth grade in Science and Math with excellent regional and national results. Due to these I was invited to Hungarian Research student Association and to the Scientific Student Circles Association. I annually participate at the research seminars and even have given a speech there. My IQ test score is higher than it is of 99% of the human population, so I applied for a membership in Intertel, the International League of Intelligence.

During high school I have received Computer Operator, Software Operator, ECDL (European Computer Driving License), High Level English and Intermediate Level Spanish Certificates. I also speak German, some Japanese and am a two star diver.

All these achievements helped me winning the student of the year and many other high academic awards. I was decided to receive full scholarship and living expenses coverage to the Ritsumeikan University in Japan last September. I finished my first semester in January and returned to Hungary for a month break.

Hans-Dieter Hunscher

1954 geboren, erlebt(e) seine Intelligenz in seinem Leben so, wie er hier schreibt:

Die frühe Kindheit und Grundschulzeit verbrachte ich bei meinen liebevollen (inzwischen verstorbenen) Großeltern gut behütet. Ich spielte wenig draußen und war eine ziemliche Leseratte.

Für die Schule strengte ich mich nicht besonders an, aber schon früh entdeckte ich meine Leidenschaften für Naturwissenschaften (besonders Chemie) und Mathematik. 1966 zog ich wegen Wechsels zur Realschule und des Todes meiner geliebten Großmutter zu meinen Eltern um. Ungefähr damals entstand mein Spitzname „Professor", der mich jedoch ziemlich nervte. Ich erinnere mich nicht an jede Einzelheit meiner Schulzeit, aber als unser Mathematiklehrer ankündigte, an einem der nächsten Tage werde es drei Mathestunden hintereinander geben, stöhnte die ganze Klasse. Die ganze Klasse? Nein. Ein unbeugsamer Mathefreak..., klar, das war ich. Etwas enttäuscht war ich, als es „nur" irgendwelche Rechnereien gab.

Die Realschulzeit war nicht lang, im Herbst 1968 wechselte ich aufs Gymnasium. Die Crux dabei war, daß ich den Stoff eines ganzen Jahres in Latein nachholen mußte. Ich muß sagen, die Sprache gefiel mir sogar, und sie bot mir auch die Möglichkeit, Notizen in einer für meine Mutter völlig unverständlichen Sprache zu schreiben. Das schlug sich dann auch in den Noten nieder.

In meiner Freizeit sah ich zu jener Zeit auch gerne Fernsehsendungen über Natur, Technik, Wissenschaften usw. Irgendwo stieß ich auf Gebrauchsanweisungen in vielen Sprachen, von denen mich das Schwedische besonders reizte. Einige Jahre lang hatte ich auch Briefwechsel mit einer jungen Schwedin, deren Familie ich 1973 auch besuchte. Ein Fernsehbericht über Skandinavien, in dem es hieß, Finnisch sei eine sehr schwierige Sprache, machte mich jedoch neugierig. Finnisch ist zwar anders als Deutsch oder Latein eine nichtindoeuropäische Sprache, aber „schwierig"? Quatsch!

Auf meinen Zivildienst folgte ein Physikstudium, in dessen Verlauf ich mich öfter als Versuchsperson bei den Psychologen meldete. Meistens verdiente ich da einige Mark (alte deutsche Währung, entspricht heute 0,51129 Euro) dazu, manchmal nur die „Ehre", dabei gewesen zu sein. Bei einem dieser Versuche wurde der IQ gemessen. Nachdem ich einer guten Freundin davon erzählte, meinte sie, es gebe doch einen Verein für Hochbegabte. Nach einigem Zögern machte ich mich dann auf die Suche und fand dann schließlich den Weg zu Mensa und später zu Intertel. Noch heute wissen nur einige gute Bekannte von meinen einschlägigen Mitgliedschaften. Ich bin auch Mitglied in einem Tauschring, in dem ich meine Fähigkeiten anbiete, und gebe gelegentlich Nachhilfe in Mathematik, aber auch in Latein, Physik und (selten) in Chemie.

Viele Grüße,

Ihr Hans-Dieter Hunscher

Tobias Bär

Ich schicke Ihnen für Ihr Buch eine Kopie meines Lebenslaufes, den ich für die Studienstiftung des Deutschen Volkes angefertigt habe. Daraus Auszüge:

Ich wurde 1973 in Kaufbeuren geboren, nach der Volksschule besuchte ich das Gymnasium, machte dann eine Schnellbanklehre und arbeitete als Praktikant in der Dresdner Bank. Danach begann ich 1993 mein BWL / Jurastudium an der Universität Gießen.

Mein größtes Hobby, das ich auch zu meinem Beruf machen möchte, kann man am besten mit „Finanzen" oder „Bank und Börse" umschreiben. Angefangen hatte alles, als ich 12 Jahre alt war und mir mein Vater die Sparbücher übergab, dier er für mich angelegt hatte. Dem Spareifer, den er damit entfacht hatte, entsprang bald der Wunsch nach möglichst hohen Zinsen. Ich begann, mich für die verschiedenen Formen der Geldanlage zu interessieren. Erste Anlage waren ein Bundesschatzbrief und Anteile an Rentenfonds... Mittlerweile verwalte ich auch für einige Bekannte einige kleinere Wertpapierdepots und verdiene mir so ein kleines Zubrot.

Gegenpol zu diesem Hobby ist die Musik, Block- und Querflöte, die ich in einem Musikkreis mit anderen spiele. Weitere Hobbies sind: Kochen, Essen, Briefe schreiben und Lesen sowie Bergsteigen.

Nochmals zurück zu meiner Schulzeit:

Im Unterricht hatten die Lehrer richtiggehend Beschäftigungsprobleme mit mir; ich war mit den Aufgaben meist schon fertig, bis die Lehrerin mit dem Austeilen fertig war. Dies war für meine Mathematiklehrerin in der 2. Klasse ein so großes Problem daß sie sogar mit meinen Eltern Kontakt aufnahmen. Ich bekam dann meist Sonderaufgaben. Meine Deutschlehrerin 3. / 4. Klasse kritisierte meine überschäumende Phantasie in den Aufsätzen.

Meine Eltern waren stets vorsichtig; insbesondere erwarteten sie nie, daß ich gute Schulnoten nach Hause bringen müsse (Abiturnote demnach 1,0, rechnerisch sogar 0,7 = 820 von 840 in Bayern erreichbaren Punkten, bestes Abitur in der Geschichte meiner Schule).

Kleine Anekdote: Seitdem ich in der 5. Klasse Latein lernte, fragte meine Mutter ab und zu Vokabeln ab, weil sie dachte, irgendwie müsse sie sich ja um mich kümmern. Ab der 7. Klasse lernte ich Englisch und bei einer Autofahrt fragte sie mich Englisch-Vokabeln ab. Als mein Vater zufällig mal auf die Rückbank sah, sah er, daß ich in einem Buch las. Ich lernte parallel zur Englischabfrage Latein-Vokabeln. Seitdem fragte meine Mutter nie mehr etwas ab.

Im Gymnasium war ich von Mitschülern wie Lehrern voll akzeptiert. Die Gymnasialzeit war sehr schön. Ich hatte, das muß ich zugeben, in mancher Hinsicht eine Sonderstellung. Ich wurde kaum mündlich geprüft. Ich wurde gewissermaßen als „Kompetenz" betrachtet: nicht nur meine Mitschüler fragten mich oft, auch meine Lehrer richteten manchmal Fragen, auf die sie keine Antwort wußten, an mich weiter.

In der Schule war ich seit 1987 Mitglied der Theatergruppe „Mimos". Ich spielte u. a. den Wiedehopf in Heinrich Waegners „Guano oder die Odyssee der Vögel" und den Handwerker Schlucker in Shakespeares „Sommernachtstraum"...

In der Kollegstufe (1990 bis 1992) kümmerte ich mich als Jahrgangsstufensprecher um Abi-Ball und Abiturfeier; außerdem wurde ich zum Chefredakteur der Abi-Zeitung bestimmt.

Meine guten Noten führe ich allein auf meine Intelligenz zurück:

- Gedächtnis: einmaliges Lesen vom Heft/Buch genügt, um in der Klausur den gesamten Stoff parat zu haben.

- Logik: in Mathe lernte ich nur wenige Basisformeln auswendig, die restlichen Formeln leitete ich mir jeweils in der Klausur selbst ab. Dadurch hatte ich bei Transferaufgaben nie Probleme.

Ich hatte gelernt, daß man im Umgang mit anderen seine Intelligenz zwar nicht verstecken muß, aber man versuchen sollte, sich möglichst normal zu geben. Vor allem versuchte ich, auf andere z. B. im Gesprächsthema oder Wortwahl einzugehen. So kam ich mit wirklich allen bestens zurecht und hatte auch einen recht großen Bekanntenkreis. Vielleicht erwähnenswert: mein bester Freund besuchte nur die Hauptschule und ist gelernter Metallformbauer.

Ich muß feststellen, daß ich leider ein deutliches Defizit an „Alltags-Intelligenz" habe. Beispiel: Witze, die jeder versteht, verstehe ich oft einfach nicht.

Ich erledige auch vieles im Unterbewußtsein, ohne darüber nachzudenken. Ich weiß nicht, ob dies eine Folge meiner Intelligenz ist; jedenfalls bringe ich manchmal recht Sonderbares fertig. Zum Beispiel: wenn ich abends ins Bad gehe, nehme ich meine Kontaktlinsen aus den Augen und putze Zähne. Wird diese Prozedur (z. B. durch Telefon) unterbrochen, fange ich mit der Prozedur nach meiner Rückkehr ins Bad wieder von vorne an. Nochmaliges Zähneputzen ist ja kein Problem, aber was mache ich mit den Kontaktlinsen? Mein Unterbewußtsein nimmt eine einfache Wenn-Dann-Abfrage vor: sind sie draußen, kommen sie rein. Folge: ich setze die Linsen einfach wieder ein. Frühestens im Bett merke ich dann, daß meine Augen etwas brennen, und merke meinen Fehler.

Bei anderen Gelegenheiten habe ich dagegen Vorteile, z. B. bei bestimmten (logischen) Gesellschaftsspielen. Für Sie als Psychologin vielleicht interessant: ich scheine viele Probleme mathematisch zu lösen. Jedenfalls überraschte ich einmal meine Freundin bei „Labyrinth", als ich laut nachdachte, damit, daß ich „und da minus eins" murmelte, um „und da eins zurück" auszudrücken.

Meine Intelligenz wird lediglich indirekt (durch Auffassungsgabe, Problemlösungen etc.) nach außen deutlich; allerdings erkennen meine Mitmenschen meine Intelligenz sehr schnell. (Zwei Anekdoten: In der BWL-Einführungsvorlesung fragte mich ein Kommilitone: „Toby, was willst Du denn hier?" – Meine Personalbetreuerin bei der Dresdner Bank fragte: „Herr Bär, langweilen Sie sich nicht an der Uni?").

Ich meine, man muß seine Intelligenz nicht demonstrieren; das merken die anderen von selbst. Im Gegenteil: gerade für Hochbegabte gilt „Bescheidenheit ist eine Zier", denn Intelligenz ist beileibe nicht alles, was einen Menschen ausmacht. Erfolg ist das Erreichen von Zielen – von selbst gestellten oder von solchen, die andere gesetzt haben. Für mich ist Erfolg, wenn ich meine eigenen Ziele erreiche; leider ist für viele Erfolg aber das Erreichen von Zielen, die andere festgesetzt haben. Ich glaube, daß das viele unglücklich macht.

Glück ist für mich, wenn man mit sich und seinem Schicksal zufrieden ist.

Rudi Challupner, Österreich

Ich bin als Ältester von 9 Kindern in Wien geboren. Aufgewachsen bin ich hauptsächlich in einer Kleinstadt in Oberösterreich.

Ich besuchte nach der Volksschule die Hauptschule, danach die Handelsakademie, die ich mit Auszeichnung abschloß. Danach besuchte ich ein Kolleg für Elektrotechnik (mit technischer Zusatzmatura, Abschluß Ingenieur), studierte an der Uni Linz Wirtschaftsinformatik, d. h. kombiniertes Studium von Betriebswirtschaft und Informatik, habe das Studium aber noch nicht abgeschlossen. In diversen Kursen lernte ich Englisch, Französisch, Spanisch.

Ich bewarb mich nach einigen Ferienjobs bei einer Firma, bei der ich auch heute noch bin. Ich wurde aufgrund des besten Eignungstests, der dort je gemacht wurde (normal 4 Stunden, ich war in 3 Stunden fertig) eingestellt und erhielt eine Position als Gruppenleiter mit 7 Mitarbeitern im Bereich Verwaltung/Organisation.

Ich habe viele Hobbies, wie Go-Spiel, Bergwandern und Bergsteigen, Langstreckenlauf, Lesen, Reisen, Kontakte, Naturwissenschaften, Naturschutz, Politik.

Ich lernte erst in der Schule lesen und schreiben, dieses aber sehr schnell und problemlos. Meine Mitschüler akzeptierten meine rasche Auffassungsgabe und mich auch. Aber auch die Lehrer, meine Eltern, Schulkollegen und später die Berufskollegen schätzten mein gutes Lernvermögen.

In der Schule hatte ich keinerlei Probleme. Auch wenn etwas zum dritten Male erklärt wurde, war es für mich interessant und brachte neue Erkenntnisse, neue Sichtweisen.

Ich setze meine Intelligenz ein, um Persönlichkeitsstudien meiner Mitmenschen durchzuführen, versuche, mir „gute" Eigenschaften anzueignen wie Geduld, Verständnis usw. wohl auch Liebe, Arbeitsamkeit.

Meine persönlichen Stärken sehe ich in meiner Flexibilität, Geduld, Konsequenz, Streßfreiheit, in meinem Lernwillen, meiner Ausgeglichenheit, Anspruchslosigkeit, Toleranz und Bescheidenheit.

Normale Freundschaften sind für mich problemlos, da ich mich auf jedes Niveau einstellen kann. Am meisten schätze ich Menschen, die neben einer hohen Intelligenz auch angenehme soziale Eigenschaften haben.

Mag. Lisa-Michelle Boucher, USA / Österreich

Liebe Ida,

Anbei findest Du meinen Beitrag... Mir ist klar, daß meine Schreibweise „anglicized" ist: ich finde es interessanter als wenn es verdeutscht wäre.

Obwohl ich heute intellektuell nachvollziehen kann, daß man mich bitten würde, einen Beitrag für ein Buch über das Begabt-Sein zu schreiben, habe ich mich als Kind und Jugendliche nie als „Hochbegabte" betrachtet. Ohne es bewerten zu wollen, ob es gut oder schlecht ist, einem Kind zu sagen, daß es besonders begabt ist, kann ich berichten, meine Eltern und Lehrer haben mich lediglich als „überdurchschnittlich in der Schule" oder „musikalisch begabt" bezeichnet, und mit der Bezeichnung bin ich ganz gut zurecht gekommen. Selbst als ich alle 4 Jahre der „High School" übersprungen habe, ließ man mich wissen, die Entscheidung meine Bildung auf diese Art zu unterstützen, war aufgrund meiner musikalischen Begabung. Daß ich sonst gute Noten in der Schule hatte, spielte dabei eine Rolle, aber ich war kein „Genie", gaben die Erwachsenen mir zu verstehen. Ich habe mir dadurch ein Bild über mich gemacht, daß ich zwar musikalisch viel drauf hatte, aber in sonstigen Fächern ziemlich normal war, sogar manchmal schwach, was sicherlich gut war für meine Bescheidenheit, wenn nicht für meine Fähigkeit, meine allgemeine Intelligenz einzuschätzen.

Ich wurde in Maine, USA, geboren. Als ich 3 Jahre alt war, bekam ich eine elektrische Orgel, die Sorte mit Zahlen auf den Tasten und dazu ein Buch, in dem die korrespondierenden Tastenzahlen über den Noten stehen. Sobald ich Zahlen lesen konnte, habe ich mir alle Lieder in dem Buch beigebracht. Ich kann mich noch erinnern, wie ich, von meinem kleinen Liederbuch gelangweilt, mich zum Klavier meiner Mutter gesetzt habe, um zu versuchen, ihre Stücke nach den Fingersatz-Zahlen zu spielen. Es war für die Entscheidung meiner Mutter, mich zum Klavierunterricht früher zu schicken als die Klavierlehrerin empfohlen hatte, vielleicht ausschlaggebend, daß ich immer gern viel Zeit damit verbrachte diese von den Fingersätzen entstandenen unsinnigen Töne zu spielen. Mein Hunger danach, Klavierspielen zu lernen, war groß; meine Mutter hat es rechtzeitig erkannt und, was für mein Schicksal entscheidend war, Wert darauf gelegt.

Zu dieser Zeit waren meine Lehrer an der „Elementary School" meine Leiter in die Welt des Wissens. Ihre Betonung von Kreativität im Unterricht schaffte eine Atmosphäre von Neugier und Staunen in der Klasse, eine Einstellung zum Lernen, die mir bis heute geblieben ist. Ich kann mich noch genau an eine Aufgabe im „second grade" erinnern. Die Schüler sollten beschreiben, was sie beim Sehen der Farbe blau empfinden und denken. Ich nutzte die Aufgabe, um eine wilde Geschichte zu erfinden, die weit vom Thema wegführte, ihre Wurzel jedoch im Thema hatte. Mein Puls ist bei der Arbeit richtig gestiegen, so aufregend war es für mich, frei und kreativ zu sein. Die Note und der Kommentar meiner Lehrerin zu dieser Arbeit waren mir sicherlich wichtig, sonst würde ich mich nicht auch heute noch so genau daran erinnern, was mein Gefühl war, als ich die Aufgabe zurückbekommen hatte. Ich hatte einerseits die mir damals nicht ganz bewußte Befürchtung, soviel Freude bei der Schöpfung eines Aufsatzes müßte doch verboten sein und man würde mich dafür maßregeln. Andererseits hatte ich die Hoffnung, in meiner Kreativität bestätigt zu werden. In dem Moment war also meine allgemeine Einstellung zum Lernen und Schreiben von der Reaktion meiner Lehrerin äußerst abhängig. Deswegen kann ich mich noch genau erinnern, was sie geschrieben hat: „What a wonderful story, Lisa. I'm not sure you really think about all that when you see the color blue, though". Daß sie die Schönheit meines Aufsatzes anerkannte, obwohl ich etwas von der Aufgabe abwich, war die beste Lehre, die sie mir hätte erteilen können. So habe ich in der „Elementary School" gelernt, Wert auf schöpferische Kreativität zu legen. Man lernt zwar viel Stoff und Fakten in der Schule, das wichtigste was man mitnimmt sind jedoch die Wertvorstellungen.

Daraus kann man als Pädagoge lernen zu hinterfragen, warum wir das Bedürfnis haben, unsere Schüler in eine bestimmte Richtung zu steuern, wenn sie gerade in eine ganz andere denken wollen. Wir erzielen wesentlich mehr, wenn wir uns den Weg von den Kindern zeigen lassen und nicht darauf bestehen, daß es umgekehrt sein muß.

Als ich 11 war, kam ich zu der Klavierlehrerin, die mich am meisten prägen würde, Naydene Bower. Als ich ihr zum ersten mal vorspielte, es war eine Polonaise von Chopin, sagte sie mir: „Du spielst sehr schön und mit viel Gefühl, es gibt aber viele Details in der Musik, die Du nicht wahrnimmst." Da war ich sehr begeistert und neugierig – da kam wieder die Steigerung des Pulses vor einer neuen Entdeckung. Ich fragte ganz Ohr: „Zum Beispiel was?". Sie zeigte auf eine Linie zwischen Baß und Hauptmelodie und sagte: „Zum Beispiel hörte Du diese schöne Gegenmelodie nicht. Die könnte man hervorheben." Ich spielte die genannte Melodie getrennt vom Rest, dann spielte ich dieselbe Stelle mit allen Noten drum und dran und hob dabei die fragliche Melodie hervor. Ich konnte hören, wie die Gegenmelodie mit der Baßlinie und Hauptmelodie interagierte, das Stück erreichte eine neue Komplexität, es war genau wie bei diesen Bildern, wo man zuerst nur Punkte sieht und plötzlich ein Bild vor den Augen entsteht. Ich wußte, ich mußte auf alle Fälle zu dieser Lehrerin kommen, denn sie würde meine Ohren für neue Welten öffnen. So begann eine bereichernde fünfjährige Arbeitsbeziehung.

Bei Naydene habe ich gelernt, wie man über die Musik denkt und nachforscht. Ich wurde ermutigt, selber über die Stücke, die ich lernte, zu lesen und recherchieren. Sie lehrte mich nicht nur Klavierspiel, sondern auch Formenlehre und Musiktheorie, wodurch ich die Fähigkeit erlangte, meine Stücke selbständig zu analysieren. Ich durfte eigene Interpretationen spielen, auch wenn sie nicht ganz stilgerecht waren, denn Naydene hatte erkannt, daß ich mir dadurch ein Stück zu eigen machte. Man lernt nie besser als wenn man selbst am Steuer sitzt. Naydene brachte mich ans Bowdoin College, wo sie unterrichtete, und beschaffte mir Erlaubnis, so viel und so oft ich wollte in der Musikbibliothek zu stöbern. Das College machte sogar alle seine Ressourcen für mich zugänglich: die Hauptbibliothek, das Sprachlabor, wo ich endlose glückliche Stunden mit Gehörbildungsübungen verbrachte, und sogar Sammlung seltener Bücher. (Es hat mich sehr aufgebaut, daß ich mit 12 Jahren das Recht erhielt, dieses Archiv zu nützen, wo man wegen der wertvollen Bücher nur mit Bleistift hineingehen durfte.) Daß ein College wie Bowdoin mir diese Ehre gab, hat mich sehr aufgebaut. Dadurch, daß meine Klavierlehrerin und Bowdoin College mich ernst genommen haben, wurden für mich alle Bereiche des Lernens und Forschens zu einer erweiterten Spielwiese für meine Neugier und Lernbegierde und bereiteten mich auf meine nächste Herausforderung vor, nämlich die „HighSchool" zu überspringen und gleich mit 14 Jahren an der University of Maine als ordentliche Hörerin zu inskribieren.

Daß ich mit 14 Jahren die vier letzten Klassen (High School in den USA) überspringen durfte und gleich an der University of Maine studieren, verdanke ich meinen Eltern und dem Vertrauen, das sie in mich hatten und den vielen aufgeschlossenen hingebungsvollen Pädagogen, die meinen Eltern zu dem Schritt geraten haben und vor allem der Tatsache, daß diese Menschen den Mut hatten, etwas unbekanntes auszuprobieren und Verantwortung auf sich zu nehmen, um für mich neue Wege zu ermöglichen.

Das Erlebnis an der University of Maine hat mich intellektuell grenzenlos stimuliert und die geistigen Werkzeuge gegeben, die für mich unentbehrlich waren, als ich sie später einsetzte, um mich in Europa zu etablieren. Selbstverständlich befand ich mich in einer Umgebung, wo ich als so etwas wie ein „Wunderkind" galt, aber ich war gewöhnt, als „besonders" aufzufallen, vor allem wegen der Musik, aber wahrscheinlich auch, weil ich ein Adoptivkind bin und sowieso bei den meisten Familientreffen wegen meiner größeren Statur und blonden Haaren auffiel. Irgendwie gehörte das „besonders" sein sowieso zu meiner Identität, und obwohl ich später die Anonymität und den Alltag in einer Stadt im Ausland, wo mich am Anfang niemand kannte, genießen lernte, war das bißchen Ruhm mir etwas ganz Vertrautes, womit ich gut umgehen konnte.

An dieser Stelle will ich unbedingt betonen, daß der Umgang mit einer solchen Situation ganz sicherlich nicht von allen begabten Kindern so positiv erlebt wird und daß Alternativen zum Überspringen von Klassen, wie zusätzliche Herausforderungen und Workshops für Begabte, für viele eine deutlich bessere Lösung darstellen kann. Ich bin überzeugt, daß vor allem der soziale Umgang mit hochintelligenten Gleichaltrigen für begabte Kinder wichtig ist. Dabei meine ich nicht nur, um gemeinsam intellektuelle Aufgaben zu erarbeiten, sondern vor allem auch, um gemeinsam an sozialen Aktivitäten teilzunehmen. Denn Spaß und

Entspannung, Parties und Ausflüge bleiben oft auf der Strecke für begabte Kinder und der Zugang dazu kann oft tragischerweise nicht später nachgeholt werden. Um es deutlich zu betonen, Pädagogen und Eltern sollen sich vor dem verführerischen Gedanken in Acht nehmen, nur weil ein Kind begabt ist, müsse man versuchen, möglichst viel Stoff in seinen Kopf zu stopfen mit der Begründung, seine Lernphase ist in jungen Jahren am intensivsten und es „brauchte" die „Hilfe", um seine Begabung zur vollen Geltung zu bringen. Denn auch der eigene Instinkt, sich selber in Richtungen, die wichtig sind, zu bilden, ist bei hochbegabten Kindern schon im frühen Alter sehr scharf, und dem soll man unbedingt folgen. In meinem Fall handelten die verantwortlichen Erwachsenen deswegen, weil sie meine offensichtliche Begeisterung und Neugier registrierten und Wert darauf gelegt haben, für mich Türen öffnen, damit ich diese Eigenschaften weiterentwickeln konnte. Wenn diese Eigenschaften in einem Kind nicht vorhanden sind, kann der gleiche Schritt an die Universität ein Schritt in die Isolation und soziale Entfremdung bedeuten. Kein Ziel könnte jemals dieses Risiko wert sein.

Diesbezüglich möchte ich etwas aus meiner persönlichen Erfahrung als Lehrerin erwähnen. Als ich begonnen habe zu unterrichten, habe ich auf meine begabten Schüler so reagiert, wie ich es als Kind von meinen Lehrern gern hatte. Ich gab den Schülern immer herausfordernde Stücke, die dafür gedacht waren, sie jedesmal im Lernen einen Schritt weiter zu bringen. Ich mußte aber bald erkennen, daß manche meiner begabten Schüler andere Bedürfnisse hatten als ich in ihrem Alter. Obwohl meinen eigenen Wünschen widerstrebte, meine Schüler auf ihren Weg weiter zu bringen, begann ich ihnen Stücke aufzugeben wo mir klar war, sie würden ihnen leicht fallen. Meiner persönlichen Meinung nach war das richtige Zeitverschwendung. Die Kinder jedoch liebten die neuen Musikstücke und begannen immer schneller und begieriger zu lernen. Monate später schafften sie die Herausforderungen, die ich längst für sie vorgesehen hatte, mit Leichtigkeit und überschritten sie auch. Schon wieder wurde mir bewiesen, begabte Kinder wissen besser als ich, was sie lernen und wann sie lernen, obwohl ich selber die Erfahrung machte, „ein begabtes Kind" zu sein. Ich brauchte nur gut aufzupassen, und meine Schüler lehrten mich, wie ich sie zu unterrichten hatte.

Das Thema, „Wie ist es, als hochbegabtes Kind aufzuwachsen?", hätte ich damit schon ausführlich beschrieben. Ich möchte aber hier weitergehen und beschreiben, wozu alles in meinem Leben gut war. Denn eines soll uns als Erwachsene, die mit Begabten zu tun haben, bewußt sein: Das Begabt-Sein und Gefördert-Werden allein macht weder glücklich noch erfolgreich. Begabte Kinder müssen lernen, mit ihrer Begabung umzugehen und sie zu nützen, um etwas damit zu erreichen. Pädagogen und alle, die sonst mit begabten Kindern zu tun haben, sollten sich stets eines vor Augen halten: ihre Aufgabe ist es, den Kindern zu ermöglichen, Autonomie über ihre eigenen Fähigkeiten zu erlangen.

Mit 18 ist man kein Wunderkind mehr, sondern eine junge Erwachsene, die selber ihren Weg finden muß. All die Studienberater und Mentoren, die einen früher umgeben haben, sind für einen nicht mehr verantwortlich.

Der Kampf um die eigene Entwicklung begann für mich, als ich auf die Juilliard School in New York City kam. Dort habe ich zwar viel gelernt, aber ich habe vor allem einen Schicksalsschlag in Form der Erkenntnis erlebt, daß ich mir kein weiteres Studium wirklich leisten konnte. Meine Eltern hatten ihre Finanzen ausgenützt, um mich so weit zu bringen und hofften, daß ich ein Stipendium finden würde, sobald ich mich in New York bewiesen hatte. Eine Lösung suchend ging ich zu der „New York Scholarship Library", wo man mir erzählte, es sei ein Nachteil, daß ich keiner Minderheit angehörte. Es war ihrer Meinung nach ein zusätzlicher Nachteil, Musikerin zu sein, denn für Wissenschaft und Wirtschaft gebe es genug Adressen von Stiftungen, die mir ein Stipendium geben könnten. So wie die Dinge standen, wüssten sie von keinem Stipendium, wofür ich mich bewerben hätte können.

Daraufhin haben meine Lehrer und Eltern mir geraten, ein Jahr von Juilliard auszusetzen, um zu Hause zu leben und mit einem oder zwei Jobs die $ 20.000.- für ein weiteres Jahr in NY zu verdienen. Habe ich schon erwähnt, was der größte Feind im Leben eines begabten Kindes ist? Langeweile! Ein Jahr lang nicht zu studieren, um 40 und mehr Stunden pro Woche als Kellnerin zu arbeiten, um sich im Alter von Zwanzig noch ein einziges Jahr Studium zu leisten und danach den ganzen Vorgang wieder von vorne zu beginnen? Nein Danke! In der Krisensituation begann ich viel nachzudenken. Ich kam auf einige wichtige Erkenntnisse.

Eigentlich wollte ich schon immer eine Fremdsprache lernen und ins Ausland gehen. Solche Träume hatte ich nie ernst genommen, denn das Klavier hatte immer Vorrang. Jetzt schienen für mich diese Träume Mittel zum Zweck zu sein. Ich habe viele europäische Kollegen in New York über das Studieren in Europa interviewt. Sie haben mir erzählt, daß der Staat Deutschland und Österreich fast die ganzen Studiengebühren zahlt, selbst für Ausländer! Einfach unglaublich nach meiner Erfahrung bei der „New York Scholarship Library". Ich müßte also nur für meinen Lebensunterhalt sorgen. Ich stellte mir vor, ohne Deutschkenntnisse würde ich mich sicherlich mindestens ein Jahr in Österreich als Putzfrau durchschlagen müssen. Aber das hat mich nicht geschreckt, denn Putzfrau zu sein in einem fremdsprachigen Land ist sicherlich nicht langweilig. Dabei würde ich doch lernen Worte, wie zum Beispiel „broom" und „vacuum cleaner" auf Deutsch zu sagen. Ich wußte, es würde Schwierigkeiten geben, aber da es sich um Schwierigkeiten in einem Fremdland handelte, würde ich dabei immer eine Fremdsprache und fremde Kultur lernen, und es würde immer intellektuell stimulierend sein. Also bin ich mit den Ersparnissen eines Sommers als Kellnerin ab nach Wien gefahren, wo ich an der Universität für Musik und darstellende Kunst angenommen wurde.

Es war unglaublich aufregend. Ich inskribierte für Nebenfächer, die ich schon beherrschte, und da man Deutsch genauso schreibt, wie es gesprochen wird, habe ich einfach jeden Laut aufgeschrieben, den ich während der Vorlesung aufschnappen konnte, und nachher zu Hause alles mit einem Wörterbuch übersetzt. Es war ein „Crash Course" in die Sprache und ins Überleben als Ausländer, und wenn auch durch Geldmangel manchmal der leibliche Hunger auf der Tagesordnung stand, gab es kein Risiko, intellektuell zu verhungern, und ich war mit meiner Entscheidung glücklich, in Wien mein Studium fortzusetzen.

All die Werte, die man mir während meiner frühen Ausbildung mitgegeben hat, machte ich mir zu Nutze, um mir meinen Lebensweg zu schaffen. Die Freiheit, die ich in der zweiten Klasse gelernt habe, uneingeschränkt kreativ zu sein, auch wenn man etwas von der offensichtlichen Aufgabe abweicht, schenkte mir Mut, eine so ausgefallene Lösung für mein Weiterstudium zu finden, nämlich den Umzug nach Europa. Die Freude an Entdeckung und Forschung, die ich bei Bowdoin College und Naydene Bowder kennengelernt habe, gab mir den Mut, ohne Unterstützung nach Wien zu gehen, denn ich wußte, die Freude, eine neue Kultur zu erleben, würde die Anfangsschwierigkeiten mehr als ausgleichen. Selbst die Erfahrung, als „Hochbegabte" an der University of Maine aufzufallen, bereitete mich auf das Erlebnis vor, mich in einer fremden Kultur zu etablieren.

Ich bin sicher, meine vielfältigen frühen Erlebnisse sind mitunter ein Grund dafür, daß ich meine Karriere heute so vielfältig gestalte. Da man mir die Flexibilität bei meinem früheren Ausbildungsweg gezeigt hat, fiel es mir zum Beispiel leicht, selber flexibel bei meinen Karriere-Entscheidungen zu sein. So traute ich mich, 1985 die Position einer Operkorepetitorin an der Wiener Kammeroper anzunehmen, obwohl ich den Beruf nie gelernt hatte. Ich spiele Solo-Konzerte, Kammermusik, und Liederabende, unterrichte und korrepitiere an der Universität für Musik und darstellende Kunst in Wien und wirke bei gelegentlichen Projekten an der Wiener Volksoper mit. Es ist vor allem wichtig, daß meine Freude am Musizieren und am Vermitteln von Musikalität immer stark geblieben ist. Ich behaupte, diese Tatsache bedeutet, die Förderung von diesem bestimmten „begabten Kind" war ein Erfolg.

Ich habe eine wichtige Mitteilung an alle begabten Kinder, die dabei sind, ihren Weg zu suchen: „vergeßt nie, während Ihr in Eurer Begabung gefördert werdet, den Grund, warum Ihr das macht. Wie W. R. Bion es so treffend sagte: 'Knowledge is a process'. Dieser Prozeß beginnt mit dem Gefühl des Staunens, gefolgt von Neugier und entwickelt sich zu einer Freude am Lernen, Arbeiten und Schaffen. Diese Freude ist und bleibt die wesentliche Motivation, sich anzustrengen, um sich möglichst weit intellektuell zu entwickeln!"

Ich habe auch eine Mitteilung für Pädagogen und Eltern: Wir sollen uns nie davon ablenken lassen, daß es unser wichtigstes Ziel bei der Ausbildung von hochbegabten Kindern ist, den Kindern die geistigen Werkzeuge zu geben, womit sie selbst ihre eigenen Talente entfalten können.

Abschließend noch eine Kurzbeschreibung (aus eigener Feder):

Mag. Lisa-Michelle Boucher ist Pianistin. Sie konzertiert in Europa, Asien und den USA als Solistin, Kammermusikerin und Liedbegleiterin. Sie ist Vertragslehrerin an der Universität für Musik und darstellende Kunst in Wien, und unterrichtet auch beim Sieggrabener Sommer Open Workshop und an der Internationalen Musikakademie Feldkirchen in Kärnten. Sie hat 2001 mit zwei Kollegen von der Universität das „Spohr Trio" gegründet. Sie hat ein musikalisches Catering Service „Life of the Party", womit sie bei diversen Veranstaltungen in Österreich auftritt. Sie ist im Vorstand von Mensa Österreich als Generalsekretärin tätig.

Literatur:

ABB e. V. Information. Rundbrief des Arbeitskreises Begabungsforschung und Begabungsförderung e. V. ISSN 1619-1420

Amelang, M. (Hrsg.): Verhaltens- und Leistungsunterschiede. Enzyklopädie der Psychologie, Themenbereich C, Serie VIII, Band 2. Göttingen: Hogrefe 1995

Arbeitsstab Forum Bildung (Hrsg.): Empfehlungen und Einzelergebnisse des Forums Bildung, Köln 2002

Arntzen, F.: Einführung in die Begabungspsychologie. Göttingen: Hogrefe 1976

Bartenwerfer, H.: Bibliographie Hochbegabung Deutsche Literatur. Baden-Baden: Nomos 1990

Bartenwerfer, H.: Identifikation von Hochbegabten. In: K. J. Klauer (Hrsg.): Handbuch der Pädagogischen Diagnostik, Bd. 4 (1059-1069) Düsseldorf 1978

Behinderung und Begabungsentfaltung. Bericht über den Internationalen Workshop, veranstaltet von der Stiftung zur Förderung körperbehinderter Hochbegabter. Vaduz, Fürstentum Liechtenstein. Oktober 1992

Bell, E. T.: Die großen Mathematiker. Econ: Düsseldorf 1967

Benbow, C. P. & Stanley, J. C.: Academic precocity: Aspects of its development. Baltimore, MD: John Hopkins University Press 1983

Bereiter, C., Scardamalia, M.: Surpassing ouerselves: An inquiry into the nature and implications of expertise. Open Court, Chicago 1993

Bhaskara, R. D.: Underachievement: Identification, Diagnosis, and Treatment. In: Hany, E. A., Heller, K. A. (Hrsg.) Competence and Responsibility Vol. 1. Hogrefe & Huber Publishers Göttingen 1993

Bildung und Begabung e. V. Bonn-Bad Godesberg

Billhardt, J.: Hochbegabte. Die verkannte Minderheit. München: Lexika Verlag 1996

Birx, E.: Mathematik und Begabung. Hamburg 1988

BMW AG (Hrsg.): Dokumentation Kongreß Hochbegabtenförderung 15./16. Juli 1998, München

Borkowski, J. G.: Signs of intelligence: Strategy generalization and metacognition. In: S. Yussen (ed.): The Growth of Reflection in Children. Orlando: Lawrence Erlbaum. 1985

Bredenkamp, J.: Kognitionspsychologische Untersuchungen eines Rechenkünstlers. In: H. Feger (Hrsg.): Wissenschaft und Verantwortung. Festschrift für Karl Josef Klauer. Hogrefe: Göttingen 1990

Bredenkamp, J., Klein, K.-M., v. Hayn, S. & Vaterrodt, B.: Gedächtnispsychologische Untersuchungen eines Rechenkünstlers. Sprache & Kognition 7, 69-83 1988

Brengelmann, J. C.: Erfolg und Streß. Weinheim: Psychologie Verlags Union 1993

Brocke, B.: Intelligenz: Struktur und Prozeß. In: W. Sarges (Hrsg.) Management-Diagnostik 2. Aufl. (S. 225-240) Göttingen: Hogrefe 1995

Bundesministerium für Bildung, Wissenschaft, Forschung und Technologie (BMBF): Begabte Kinder finden und fördern. Bonn 1996

Bund-Länder-Kommission (BLK). Entwurf eines Orientierungsrahmens „Begabtenförderung – ein Beitrag zur Förderung von Chamcengleichheit in Schulen" 27. 2. 2001. In: Otto Lange, *ABB* e. V. – Information Nr. 34 / April 2001 (13-16)

Carrington, N.: I'm gifted, is that OK? The social rules of bein gifted in Australia. Gifted and Talented International, 11, 11-15 1996

Carroll, J. B.: Human cognitive abilities: a survey of factoranalytic studies. New York: Cambridge University Press 1993

Cattell, R. B.: Intelligence: Its structure, growth and action. Amsterdam: 1987

Cattell, R. B.: Abilities: their structure, growth, and action. Boston, MA: Houghton Mifflin 1971

Ceci, S. J.: On intelligence ... More or Less. New Jersey 1990

Clark, B.: Growing up gifted. New York: merrill 1992, 4. Aufl.

Cohn, S. J.: Talented Searches. In: N. Colangelo & G. A. Davis (ed.): Handbook of gifted education (pp. 166-177) Boston: Allyn & Bacon 1991

Colangelo, N., Assouline, S.: Self-concept of gifted students; Patterns by self-concept domain, grade, level, and gender. In: M. W. Katzko & F. J. Mönks (Eds.): Nurturing talent: Individual needs and social ability (pp. 66-74) Assen: Van Gorcum 1995

Cox, C.: The early mental traits of three hundred geniuses. Stanford: University Press 1926

Csikszentmihalyi, M.: Flow: The psychology of optimal experience. New York: Harper 1990

Dabrowski, K. & Piechowski, M. M.: Theory of levels of emotional developments (2 vols.) Oceanside, New York: Dabor 1977

Deutsche Gesellschaft für das hochbegabte Kind e. V.: Satzung der Deutschen Gesellschaft für das hochbegabte Kind e. V. 1994

Deutsche Lehrerzeitung – Special: Begabung – Glück oder Strafe? Berlin 1997

Devlin, K.: Das Mathe-Gen. Oder wie sich mathematisches Denken entwickelt und warum Sie Zahlen einfach vergessen können. Stuttgart: Klett-Cotta 2001

Drewelow, H.: Begabungsförderung in der Lehrerbildung. Ergebnisse einer Umfrage. In: ABB Information Nr. 36/September 2001, 8-11

Empfehlungen des Forum Bildung, Bonn 2001

Ericsson, A.: The road to excellence. Erlbaum, Mahwah, New Jersey 1996

Eysenck, H. J.: Genius. The natural history of creativity. Cambridge: Cambridge University Press 1995

Eysenck, H. J.: The structure and measurement of intelligence. Berlin Springer 1979

Feger, B.: Hochbegabung. Chancen und Probleme. Bern: Huber 1989

Feger, B., Prado, T. M.: Hochbegabung: die normalste Sache der Welt. Darmstadt: Primus Verlag 1998

Feldhusen, J. F.: A Conception of giftedness. In: R. Sternberg & J. Davidson (Eds.) Conceptions of giftedness (pp 112-127). New York: Cambridge University Press 1986

Feldman, D. H., Goldsmith, L. T.: Natures Gambit: Child Prodigies and the Development of Human Potential. New York: Basic Books 1986

Fitts, P., Posner, M. J.: Human Performance. Belmont, CA: Brooks/Cole 1967

Fitzner, T., Stark, W., Kagelmacher, H. P. & Müller, T.: Erkennen, Anerkennen und Fördern von Hochbegabten. Stuttgart: Klett 1999

Fleiß, I.: Die Bedeutung von positiver Emotionalität als Persönlichkeitsmerkmal. Unveröffentlichtes Manuskript. Köln 1996

Freeman, J.: Ist hohe Intelligenz ein Handicap? In: Urban K. K. (Hrsg.): Hochbegabte Kinder. Heidelberg: Schindeler, 123-130. 1982

Freeman, J.: Quality Education: The Development of Competence. Geneva: UNESCO 1992

Freeman, J. (Ed.): The psychology of gifted children: Perspectives on development and education. New York: Wiley 1986

Freund-Braier, I.: Hochbegabung, Hochleistung, Persönlichkeit. Münster: Waxmann 2001

Freund-Braier, I.: Persönlichkeitsmerkmale. In: Rost, D.H. (Hrsg.) : Hochbegabte und Hochleistende Jugendliche. Waxmann 2000, 163-210

Gage, N. L., Berlina, D. C. (Hrsg.): Pädagogische Psychologie. Beltz PsychologieVerlagsUnion Weinheim 1996

Gagné, F.: Giftedness and talent: Reexaming a reeaxamination of the definition. Gifted Child Quarterly, 29 (3) S. 103-112, 1985

Gardner, H.: Frames of mind. The theory of multipe intelligences. New York: Basic Books 1983

Gergen, K. J.: The Concept of the Self. New York: Holt, Rinehart and Winston 1971

Gustin, C. W.: The development of exceptional research mathematicians. In: B. Bloom (ed.): Developing talent in young people. New York: Ballantine. 1985

Hany, E. A.: Modelle und Stragtegien zur Identifikation hochbegabter Schüler. Unveröffentlichte Diss. Universität München 1987

Hany, E. A.: Referat anläßlich des Kongresses Hochbegabtenförderung 15./16. Juli 1998 in München. In: BMW AG und Bayrisches Staatsministerium für Unterricht und Kultur (Hrsg.): Dokumentation Kongreß Hochbegabtenförderung 1998.

Hany, E. A., Heller, K. A. (Hrsg.): Competence and Responsibility. Vol. 1 Hogrefe & Huber Publishers Göttingen 1993

Harris, C. R.: The Hollingworth longitudinal study: Follow-up, findings and implications. Roeper Review 12/3 216-221. 1990

Hattie, J.: Self-Concept. Hove: Erlbaum 1992

Heilmann, K.: Begabung, Leistung, Karriere. Die Preisträger im Bundeswettbewerb Mathematik 1971-1995. Göttingen: Hogrefe 1999

Heller, K. A.: Hochbegabung im Kindes- und Jugendalter. Göttingen: Hogrefe 1992

Heller, K. A., Mönks, F. J., Passow, A. H. (Hrsg.) International Handbook of research and development of giftedness and talent. Pergamon Press, New York 1993

Helson, R.: Creative mathematicians. In: R. Albert (Ed.): Genius and Eminence: The social psychology of creativity and exceptional achievement (pp 211-230) London: Pergamon Press 1983

Hessisches Kultusministerium (Hrsg.): Das Hessische Kultusministerium informiert über die weitere Konzeption zur Förderung von besonders Begabten, Wiesbaden 2002

High Ability Studies. The Journal of the European Council for High Ability ECHA. ISSN 1359-8139

Hochbegabtenförderung e. V.: Das hochbegabte Kind in der heutigen Schule und im Elternhaus: Eine Information für Lehrer und Eltern. Düsseldorf: Aouane Verlag 1998

Hochbegabtenförderung e. V.: Homepage der Hochbegabtenförderung e. V. (www-document). URL http://www.hbf.geonet.de/index.html. 1999

Hochbegabung Gesellschaft Schule. Studien Bildung Wissenschaft 35 Bundesminister für Bildung und Wissenschaft (Hrsg.) Bonn 1986

Hoffmann, S.: Leiden aus Langeweile. In: Bonner General-Anzeiger, 2./3. Januar 1999

Holahan, C. K., Sears, R. R.: The Gifted Group in Later Maturity (Band 6 Terman Study of thr Gifted) Stanford 1995

Holland, J. L.: Creative and academic performance among talented adolescents. Journal of Educational Psychology 52(2), 1061, 136-147

Hollenbach, M.: Die unbeachteten Genies. Das Schicksal hochbegabter Kinder. Frankfurt/Main: Fischer TBV (Ratgeber Nr. 14086) 1998

Holling, H., Kanning, U. P.: Hochbegabung. Forschungsergebnisse und Fördermöglichkeiten.Göttingen: Hogrefe 1999

Holling, H., Wübbelmann, K. & Geldschläger, H.: Kriterien und Instrumente zur Auswahl von Begabten in der beruflichen Bildung. In: R. Manstetten (Hrsg.): Begabtenförderung in der beruflichen Bildung. Göttingen: Hogrefe 1996

Holzkamp, K.: Hochbegabung: Wissenschaftlich verantwortbares Konzept oder Alltagsvorstellung? Forum Kritische Psychologie, 29, S. 5-22. 1992

Hurlemann, K.: Sonderklassen und eigene Schulen dringend benötigt. In : Intelligenz. Magazin für Hochbegabtenförderung 2001

Hussy, W.: Denken und Problemlösen. Grundriß der Psychologie Band 8, 2. Auflage, Stuttgart Berlin Köln Kohlhammer Urban 1998

Informationsblatt des Brandenburgischen Landesvereins zur Förderung mathematisch-naturwissenschaftlich-technisch interessierter Schüler e. V.

Intelligenz. Magazin für Hochbegabtenförderung. Hrsg.: Hochbegabtenförderung e. V. Berlin 2001

Intertel and You: Satzung von Intertel. The International Legion of Intelligence. Tulsa, Oklahoma

INTEGRA. The Journal of Intertel. A Society of the Intellectually Gifted...fostering an exchange of ideas on any and all subjects...

Jäger, M.: Begabungsförderung bei Körper- und Sinnesbehinderung. In: ABB e. V. Information Nr. 33/Januar 2001 S. 20 f

Kanning, U. P.: Die Psychologie der Personenbeurteilung. Göttingen: Hogrefe 1999

Kasper, H.: High ability in organizations. The role of actors in selforganizing and selfreproducing formal social systems. Referat anläßlich der 3. Europ. ECHA-Konferenz München 1993

Katz, E., Weinschenk, K.: Behinderte Hochbegabte, Zeitschrift für Heilpädagogik 33:2, 1982, S. 115-119

Kongreßbericht „Begabungen erkennen – Begabte fördern" Salzburg 12.-14. Oktober 2000

Krutetskii, V. A.: The psychology of mathematical abilities in school-children. Edited by J.

Kilpatrick and I. Wirszup. Chicago: University of Chicago Press 1976

Kuhn, H.: WIM KLEIN – Genie, Clown oder Wissenschaftler. Ted Siera Verlag Hamburg 1983

Labyrinth, Zeitschrift der Deutschen Gesellschaft für das hochbegabte Kind

Landau, E.: Education fostering Responsibility and Competence in gifted children. In: Hany, E. A., Heller K. A. (Hrsg.): Competence and Responsibility Vol. 1, Hogrefe & Huber Publishers Göttingen 1993

Landau, E.: Mut zur Begabung. München: Reinhardt 1990

Leroux, J. A. (Ed.): Connecting the gifted community worldwide. Selected proceedings from the 12th World Conference of the World Council for Gifted and Talented Children, Inc. Seattle, Washington 29th July-2nd August 1997

Lovecky. D. V.: The quest for meaning: Counseling issues with gifted children and adolescents. In: L. K. Silverman (Ed.): Counseling the gifted and talented (pp. 29-50) Denver, CO: Love Publishing 1993

Manke, W.: Besonders begabte Kinder erkennen, fordern und fördern – Überlegungen zu einer Pädagogik des Begabens. Vortrag, gehalten am 21. 02. 01 auf der Bildungsmesse 2001 in Hannover. Labyrinth 24 (68), 18-22

Malsch, B.: Die Not „hochbegabter Schüler" als Denkanstoß. In: Report Psychologie 26, 3/2001 S. 164-170

Mc Clelland, D. C.: The achieving society. New York: The Free Press 1961

Meissner, T.: Wunderkinder. Frankfurt: dtv 1991

Melhorn, H.-G., Urban K. K. (Hrsg.): Hochbegabtenförderung international. Köln 1989

Mittring, G.: Was geht in uns vor, wenn wir rechnen? Erkenntnisse und Erfahrungen des Weltrekordlers im Kopfrechnen. Tectum Verlag Marburg 2001

Mittring, G.: Das Haus in meinem Kopf. Unveröffentlichtes Buchmanuskript

Mönks, F. J.: Ein interaktionelles Modell der Hochbegabung. In: E. A. Hany & H. Nickel (Hrsg.): Theoretische Konzepte, empirische Befunde, praktische Konsequenzen (S.17-22) Bern: Huber 1992

Mönks, F. J. & Ferguson. T. J.: Gifted Adolescents: An analysis of their psychosocial development. Journal of Youth and Adolescence 12, 1-18, 1983

Mönks, F. J., Peters, W. A. M.: Selbstkonzept und kognitive Fähigkeiten bei hochbegabten und normalbegabten Jugendlichen. In: SchumannHengsteler et al.: Entwicklung im Jugendalter. Göttingen 1996, S. 119-141

Mönks, F. J. & Ypenburg, I. H.: Unser Kind ist hochbegabt. Ein Leitfaden für Eltern und Lehrer. München: Ernst Reinhardt Verlag 1993

Müller, B.: Auch Wunderkinder haben's schwer. In: Bonner General-Anzeiger, 11. Februar 1999, Seite 9

Nemeth, U.: Der erwachsene Hochbegabte – ein Wanderer in sich selbst? Labyrinth 23 (65), 4-7, 2000

Newland, T. E.: The gifted in socio-educational perspective. Engelwood Cliffs: Prentice-Hall 1976

Piechowski, M. M.: The Unfolding of Dabrowski's Theory. In: The Dabrowski Letter Vol. 6, No. 4 2000 (S. 3-7)

Piechowski, M. M.: Mental growth through positive disintegration. London: Gryff 1970

Piirto, J.: Talented Children and Adults. Their Development and Education. Prentice Hall 1999

Prause, G.: Genies in der Schule: Legende und Wirklichkeit über den Erfolg im Leben. München 1993

Pringle, M. L.: Able Misfits. The educational and behavioural difficulties of intelligent children. London, Longman 1970

Radford, J.: Child Prodigies and Exceptional Early Achievers. London 1990

Rebentrost, I.: Das Märchen vom einsamen Genie. Marburger Psychologe räumt mit Vorurteilen auf – Überflieger sind keine Problemfälle. In: Nord-West Zeitung Nr. 231 vom 4. Oktober 2000

Renzulli, J. S.: What makes giftedness: A reexamination of the definition of the gifted and talented. Ventura CA 1979

Rimm, S. B.: The underachievement-syndrome. Apple Valley, Wi: Apple Valley Press 1986

Risemberg, R., Zimmermann, B. J.: Self-regulated learning in gifted students. In: Roeper Review 15, 1992, S. 98-100

Roeper, A.: Gifted adults: Their characteristics and emotions. Advanced Development, 3, 85-98. 1991

Rost, D. H.: Das Marburger Hochbegabtenprojekt. Göttingen: Hogrefe 1993

Rost, D. H. (Hrsg.): Lebensumweltanalyse hochbegabter Kinder, Hogrefe, Göttingen 1993, 261 Seiten, Serie: Ergebnisse der Pädagogischen Psychologie, Band 21, ISBN 3-8017-0479-3

Rost, D. H.: Hochbegabte und hochleistende Jugendliche. Münster: Waxmann 2000

Rost, D. H. & Hanses P: Besonders begabt: besonders glücklich, besonders zufrieden? Zum Selbstkonzept hoch- und durchschnittlich begabter Kinder. Zeitschrft für Psychologie, 202, 379-403, 1994

Schlichte-Hirsemenzel, B.: Zu Entwicklungsschwierigkeiten hoch begabter Kinder und Jugendlicher in Wechselwirkung mit ihrer Umwelt. Hrsg.: Bundesministerium für Bildung und Forschung, Bonn 2001

Schott, G., Bellin, W.: ReassessingPsychometric Techniques in Exploration of a Relational Self. In: School Psychology International 2000 434-450

Schumann-Hengsteler, R., Trautner, H.M.: (Hrsg.): Entwicklung im Jugendalter. Göttingen 1996

Sears, R. R.: The Terman gifted children study. In: S. A. Mednick, M. Harway, K. M.Finello (Eds.): Handbook of Longitudinal Research (Vol. 1) New York: Praeger 1984

Shore, B. M., Kanevski, L. S.: Thinking process: being and becoming gifted. In: Heller et al. 1993

Simonton, D. K.: Greatness: Who makes history and why. New York 1994

Simonton, D. K.: Scientific Genius: A psychology of science. Cambridge 1990

Smith, E. E. & Medin, D. L.: Categories and Concepts. Cambridge, Mass.: Cambridge University Press 1981

Smith, S. B.: The greatest mental calculators. New York: Columbia University Press 1983

Snyderman, M. & Rothman, S.: Survey of expert opinion on intelligence and aptitude testing. American Psychologist, 42: 137-144, 1987

Spahn, C.: Wenn die Schule versagt: vom Leidensweg hochbegabter Kinder. Assendorf: Mut 1997

Span, P.: Self-regulated learning by highly able children. In: Actualizing Talent: a Lifelong Challenge. London 1995

Spearman, C.: The abilities of man. London: Macmillan 1927

Spiewak, M.: Im Express zum Abitur. Deutsche Schulpolitiker wollen den begabten Nachwuchs künftig stärker fördern. In: DIE ZEIT, 8. März 2001

Sternberg, R. J.: Beyond IQ: A triarchic theory of human intelligence. Cambridge: Cambridge University Press 1985

Sternberg, R. J. (Ed.): Handbook of human intelligence. New York: Cambridge University Press 1982

Sternberg. R. J. (Ed.): Encyclopedia of human intelligence. Vol. 1. New York: Macmillan 1994

Sternberg, R. J.: Conceptions of giftedness. New York: Cambridge University Press 1986

Stevens, W. D.: The One Percent Solution. A history of Intertel (1966-1988) Copyright by Intertel, Inc. 1980, 1985, 1988

Storfer, M. D.: Intelligence and giftedness: The contributions of heredity and early environment. San Francisco: Jossey-Bass 1990

Subotnik, R. F., Arnold, K. D. (Eds.): Beyond Terman: Contemporary longitudinal studies of giftedness and talent. New Jersey 1994

Süß, H.M.: Intelligenz, Wissen und Problemlösen. Göttingen: Hogrefe 1996

Tannenbaum, A. J.: Gifted children: Psychological and educational perspectives. New York: Macmillan 1983

Taylor, C. W.: The highest talent potentials of man. Gifted Child Quarterly 13, 1967, 9-20

TELICOM. The Journal of the International Society for Philosophical Enquiry. ISSN: 1087-6456

Thomas, M.: Zentralität und Selbstkonzept. Bern: Huber 1989

Urban, K. K. (Hrsg.): Hochbegabung. Eine Bibliographie deutschsprachiger Literatur. Rodenberg: Klausur 2001

Urban, K. K. (Hrsg.): Hochbegabte Kinder. Psycholog., pädagog., psychiatr. und soziolog. Aspekte. Heidelberg: Schindele 1982

Vom Potenzial zur Leistung – Erkennen, Anerkennen und Fördern von Hochbegabten. Faltblatt der Bad Boller Tagung der Evangelischen Akademie 1999

Wagner, H. (Hrsg.): Begabtenförderung in der Schule. Bad Honnef 1990

Wagner, H. (Hrsg.): Hoch begabte Mädchen und Frauen. Begabungsentwicklung und Geschlechtsunterschiede. Tagungsbericht. Bad Honnef: Bock 2002

Wagner (Hrsg.): Begabungsförderung und Lehrerbildung. Beiträge zur Tagung des ABB e. V. in Königswinter 2001

Waldmann, M. R. & Weinert, F. E.: Intelligenz und Denken. Perspektiven der Hochbegabtenforschung. Göttingen: Hogrefe 1990

Waldmann, M. R. & Weinert, F. E.: Das Denken Hochbegabter. Göttigen: Hogrefe 1990

Ward, V.: Diffenential education for the gifted. Ventura, CA: Ventura County Superintendent of Schools. 1961(80)

Webb, J. T.: Nurturing Social-Emotional Development of Gifted Children. In: Heller et al. 1993, S. 525-538

Weinert, F. E.: Lernen als Brücke zwischen hoher Begabung und exzellenter Leistung. In: Kongreßbericht „Begabungen erkennen – Begabte fördern" Salzburg 12. – 14. Oktober 2000, S. 7-23

Weinert, F. E. & Waldmann, M. R.: Das Denken Hochbegabter – intellektuelle Fähigkeiten – Prozesse. Zeitschrift für Pädagogik 31, 789-804, 1985

Weinert, F. E. & Waldmann, M.: Intelligenz und Denken. Perspektiven der Hochbegabungsforschung. Göttingen: Hogrefe 1990

Wieczerkowski, W., Wagner, H. (Hrsg.): Das hochbegabte Kind. Düsseldorf 1981

Winner, E.: Hochbegabt. Mythen und Realitäten von außergewöhnlichen Kindern. Stuttgart, Klett-Cotta 1998

Witte, J.: Hochbegabte – keine Sonderlinge erster Klasse. Interview mit Prof. Detlef Rost, VDI-nachrichten 11. Januar 2002, Seite 25 Management & Karriere

Zillmann, C.: Begabte Schulversager. München: Ernst Reinhardt 1981